少年不惧岁月长

唐宋诗人的诗酒年华

喻言 著

国际文化出版公司
·北京·

图书在版编目（CIP）数据

少年不惧岁月长 / 喻言著.——北京：国际文化出版公司，2023.5（2024.4重印）
ISBN 978-7-5125-1489-8

Ⅰ.①少… Ⅱ.①喻… Ⅲ.①诗人-生平事迹-中国-唐宋时期 Ⅳ.①K825.6

中国国家版本馆CIP数据核字（2023）第002843号

少年不惧岁月长

著　　者	喻　言
选题策划	魏　玲　潘　良　七　月
责任编辑	侯娟雅
策划编辑	张　政　李　娜
出版发行	国际文化出版公司
经　　销	国文润华文化传媒（北京）有限责任公司
印　　刷	嘉业印刷（天津）有限公司
开　　本	880毫米×1230毫米　　32开 8.625印张　　　　　　162千字
版　　次	2023年5月第1版 2024年4月第3次印刷
书　　号	ISBN 978-7-5125-1489-8
定　　价	59.80元

国际文化出版公司
北京市朝阳区东土城路乙9号　邮编：100013
总编室：（010）64270995　　传真：（010）64270995
销售热线：（010）64271187
传真：（010）64271187-800
E-mail: icpc@95777.sina.net

前言
诗词本身，并非历史

诗人的故事，总是散落在他们的诗里。

那些才华横溢的诗词佳句，历经千年依然有旺盛的生命力，每每念起总能让我们穿越历史长河，与诗人们的灵魂相遇。每一次感同身受，吟诵记忆中的诗词，依然可以感受到创作者们彼时彼刻的心情与境遇，或肃然起敬，或莞尔一笑，或畅快豁达，正如"海上生明月，天涯共此时"，于是遥敬一杯酒，与君同销万古愁。在本书中，你将看到，李白在酒后高歌，不惧岁月长；杜甫为天下苍生发愁，吟诵忧国忧民的诗章。我们读李白，会感受到中华大地山川壮阔气象万千；我们读杜甫，体会到大唐盛世颓然落幕后的混乱悲凉。

此外，还有孟浩然在山水之间感悟人生、在理想与现实之间反复拉扯，王维仕途沉浮后的佛系人生，李商隐为情所困的左右为难，杜牧放浪形骸下的赤子之心，白居易、元稹的奋斗与堕落，初唐四杰的悲欢离合，苏东坡的豁达乐观，辛弃疾的壮志难酬，陆游的爱而不得，等等。每一个名垂千古的诗人，在他们生活的年代也只是活生生的个人，既有人生得意时的"仰天大笑出门去"，也有命途多舛时的"无边落木萧萧下"，喜怒哀乐、七情六欲，都与今人相通。

然而，诗词本身并非历史。这是我需要强调的前提。
诗人眼中的世界，必然与常人不同。
正如常人看见晚霞，顶多感慨一下"哇，好美"，王勃却能当场写出"落霞与孤鹜齐飞，秋水共长天一色"这样的千古绝句。

对于诗人来说，世上没有绝对的真实，只有相应的感受。诗词是来源于生活而高于生活的情感提炼，是诗人主观创作的文艺作品，里面提到的事情只能作为参考，不能作为历史凭证。大部分诗人的真实故事与人生经历已经不可考，我们只能从各种史料的草蛇灰线中想象一种可能性。诗人的历史，没有绝对真实。我们眼里的诗人，也多半不是历史上那个真实的人。

虽然我们在诗人的诗里读到了他们的故事，但那些故事不一定都是真实的。然而，就像我们看电影或电视剧时一样，那些虚构的情节却能让我们更深刻地感受到人物的情感。

本书是一本戏说体的作品，虽然参考了历史资料，但却是通过对历史片段的幽默想象来描写诗人们的个人生活和精神世界的。对于我们这些凡夫俗子来说，要真正理解诗人们的内心世界，可不是件容易的事情。于是，在这本《少年不惧岁月长》中，我决定通过戏说的方式，来描绘这些伟大诗人的个人生活和精神世界。

因此，我希望读者们不要太当真，放松心情，感受一下这些诗人故事的幽默和生动。把这本书当作一次轻松的历史之旅，随着我们一起探索这些伟大诗人的故事，寻找他们内心的世界。同时希望读者们能够欣赏这种幽默化的文学风格，并从中领略到诗人的独特魅力。谢谢大家！

目录

前言　诗词本身，并非历史……………………… 01

李白
一生少年郎，诗酒大唐仙 …………………… 001

杜甫
最熟悉的陌生人 ……………………………… 015

李商隐
问世间情为何物 ……………………………… 033

杜牧
扬州风流梦 …………………………………… 049

王维
等到风景都看透 ……………………………… 063

孟浩然
平凡之路 ……………………………………… 081

白居易
人得自个儿成全自个儿 ……………………… 095

李贺
天若有情天亦老 113

杨炯
炯炯有神 131

骆宾王
才子版的鲁智深 147

高适
大唐假行僧 161

苏轼
人人都爱苏子瞻 175

李清照
古代才女第一人 195

辛弃疾
心有猛虎,细嗅蔷薇 213

陆游
唯有香如故 229

柳永
风流本是一场梦 249

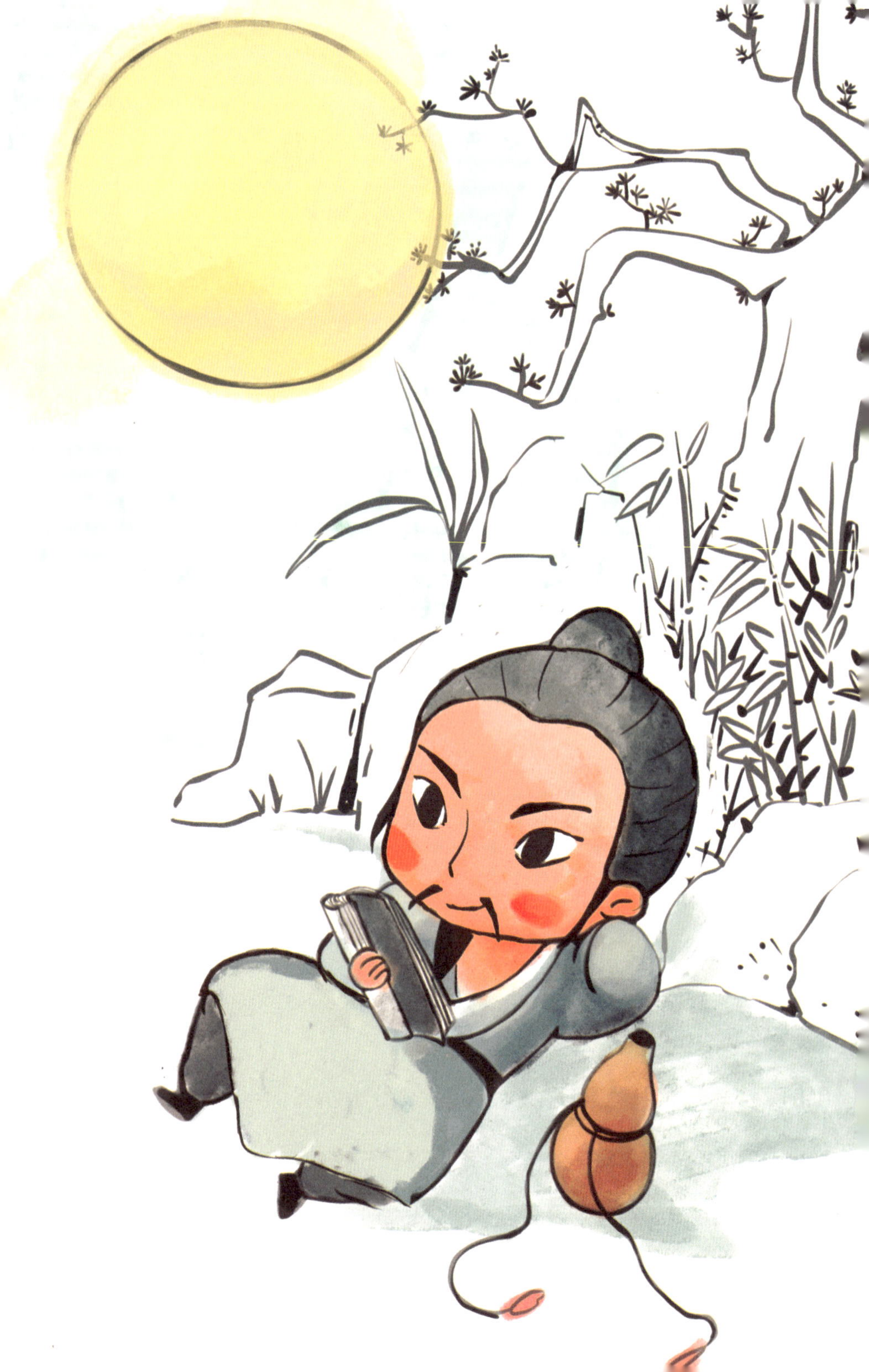

李白

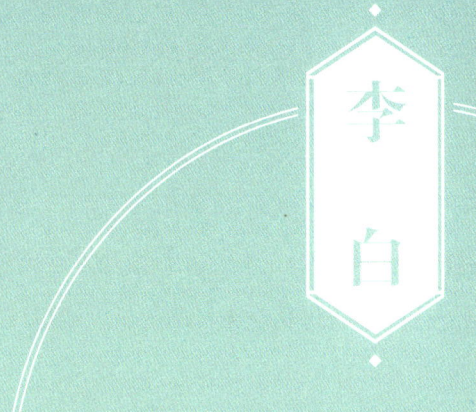

一生少年郎，诗酒大唐仙

李白是盛唐最好的名片。

若是大唐有互联网，诗仙李白将是毫无疑问的最大流量，一骑绝尘的顶流。

电影《妖猫传》借着杨贵妃之口称赞他："大唐有你，才是真的了不起。"此话不假，缺了李白的大唐，就像没有麻辣的火锅，没有了最鲜活蓬勃的那抹诗意与壮阔。

要是中国的历史上没有李白，将会缺少许多浪漫情怀。

也唯有大唐盛世的开放包容，才能让李白释放最真挚的情感，留下诸多千古佳作，以及课本上的"全文背诵"。

李白这一生，活得像个少年郎。

老天爷特别偏爱他，天时、地利、人和，什么好的都一股脑儿地塞给他。

李白天性洒脱不羁，一生如同一个游侠，仗剑浪迹天涯，饮酒作诗千古留名，足迹踏遍大半个中国，活得那叫一个潇洒。

传说李白的母亲有身孕之时梦到太白金星飞到怀里,所以她为儿子取名李白,字太白。

李白祖籍陇西成纪(今甘肃天水),却出生于西域的碎叶城(今吉尔吉斯斯坦托克马克)。

五岁的时候,李白随父亲来到巴蜀之地的绵州(今四川绵阳),放到现在妥妥的算归国华侨。他的个性中既有西域的豪迈洒脱,又有巴蜀的自由不羁。

李白受过良好的教育,按照他的《上安州裴长史书》所说:"五岁诵六甲,十岁观百家,轩辕以来,颇得闻矣。常枕经籍书,制作不倦,迄于今三十春矣。"

传说李白年少时学习不用功,偶然见到一位老妇人在溪边要将铁杵磨成针,深受触动,从此发愤图强,成了远近闻名的学霸。

不仅读书好,武功也不赖,尤其是剑术,李白在《与韩荆州书》中自称"十五好剑术,遍干诸侯"。诗人会剑术,谁也挡不住。

开元十二年(724年),二十四岁的李白终于按捺不住内心的呼唤,想要出门看看这个天下有多大,以及施展自己的才华,便踏上了游历天下的旅程。他先后去了成都、峨眉山、会稽、扬州、汝州,两年后于返程中来到安州,并在安州结识了孟浩然。李白可喜欢这位年长一轮(十二岁)、同样属牛的老大哥了。

有诗为证,堪比情书。

赠孟浩然(节选)

吾爱孟夫子,风流天下闻。
红颜弃轩冕,白首卧松云。

在安州的日子里,孟浩然还给李白介绍了对象,就是前宰相许圉师的孙女许氏。这换了一般人绝对高攀不起,然而李白强大的人格魅力与出众的才华让宰相家十分满意,很快同意了这门亲事。成亲之后,李白就在安州住了下来,一住就是十年。这期间他曾多次拜访长安的文臣,想通过公荐的方式当官,实现政治抱负。

虽然长安的文臣们对李白的诗很是欣赏,但是对于让他做官这件事,大家都一致地表示再商量、下次一定……一拖再拖。这可把李白郁闷坏了,因此他常常在长安的酒肆借酒消愁愁更愁。

后世有些人觉得奇怪,李白如此有才华,为什么不直接通过科举当官,反而要别人举荐他呢?

这跟李白的身世有关,他不是不想考科举,而是不能考。

《唐六典》规定:"刑家之子,工商殊类不预。"明确规定罪人之子和商人之子是严禁参加科考的。据说李白祖上因罪被流遣至西域，即使李白再有才华，也没法通过科举出人头地。

"天生我材必有用，千金散尽还复来。"仕途不顺的李白只能流连长安，终日喝酒安慰自己。

李白爱喝酒，仗义疏财，生性潇洒，一路游历，朋友遍天下，自然有不少人帮他宣传。一来二去，就认识了当时的大唐文坛第一大拿，神句"二月春风似剪刀"的作者贺知章。

李白的人生理想就是：达则兼济天下。通俗点讲就是：想当公务员，而且他只看得上宰相的位置。

作为盛唐诗坛当仁不让的老大哥，贺知章非常爱才，喜欢提携后辈。自从他看过李白的《蜀道难》，便大呼这是个"谪仙人"，意思就是：我看你简直不是人！是被贬入人间的神仙吧！

贺知章此时已经八十多岁，朝野上下无不敬重，却不在乎李白比他小四十多岁，欣然结交，兄弟相称。酒逢知己千杯少，有一天两人喝得尽兴时，发现没有买酒钱了，老大哥贺知章二话不说，解下代表官品身份的金龟，换取美酒佳肴招待李白，留下"金龟换美酒"的美谈。

通过贺知章的举荐，李白终于如愿以偿地见到了唐玄宗李隆基，成了宫中翰林供奉。这一年，李白四十二岁。

翰林院常伴皇帝左右，很容易飞黄腾达，不少朝中大臣都是翰林院出身。李白很是兴奋，以为自己终于熬出头了，然而待了一段时间才发现，现实跟他想象的有些不一样。原来翰林院里的翰林分两种：一种是翰林学士，另一种是翰林供奉。翰林学士是为皇帝草拟制诏的朝廷要员，而翰林供奉主要负责陪皇帝玩。

所谓翰林供奉，其实没有官品，相当于有编制的艺术家。李白的主要职责，是在皇帝高兴的时候写诗文记录愉快的宴席过程，或者表演点儿诗朗诵、舞剑，活跃气氛，按照现在的说法，他干的就是"气氛组"的工作。这个工作李白虽然干得轻松，内心却很不乐意。他总觉得自己有政治才能，可以一展抱负，治国平天下，只是得不到机会施展。

多少年来，李白邀游四方，自由自在，根本适应不了官场和宫中的规矩，他恃才傲物，不拘小节，经常耍酒疯，率性而为，甚至借着酒劲让杨国忠研墨，让高力士脱靴，都快和唐玄宗一个待遇了，让杨国忠、高力士等人看他很不顺眼，想要赶走他。唐玄宗固然爱惜李白的才华，但架不住身边的亲信时不时说李白坏话，渐渐也对他疏远起来。

天宝三载（744年），李白被唐玄宗"赐金放还"，唐玄宗的意思是——给你点钱，爱去哪儿玩去哪儿玩，宫中和朝廷不适合你。

李白乃性情中人，当初奉诏入京，春风得意地写下"仰天大笑出门去，我辈岂是蓬蒿人"。被赐金放还之后，他心灰意冷，自我安慰，写下"安能摧眉折腰事权贵，使我不得开心颜"。

李白离开长安,来到东都洛阳,遇到了"诗圣"杜甫。两位大唐传奇诗人,终于会晤。此时李白四十四岁,杜甫三十三岁,年轻的杜甫对于李白的敬仰之情犹如滔滔江水连绵不绝,又犹如黄河泛滥一发不可收拾,天宝三载这次相见之后,杜甫写下不少表达倾慕李白的诗篇。

寄李太白二十韵(节选)

笔落惊风雨,诗成泣鬼神。

春日忆李白(节选)

白也诗无敌,飘然思不群。

赠李白(节选)

痛饮狂歌空度日,飞扬跋扈为谁雄。

饮中八仙歌(节选)

李白一斗诗百篇,长安市上酒家眠。
天子呼来不上船,自称臣是酒中仙。

天末怀李白

> 凉风起天末,君子意如何。鸿雁几时到,江湖秋水多。
> 文章憎命达,魑魅喜人过。应共冤魂语,投诗赠汨罗。

杜甫不愧是李白的仰慕者,即便分别多年,想念也从未停息。

与杜甫分别之后,李白去了长安城内的紫极宫,授了道箓,正式成了官方记录在册的道士,算是完成了他一直以来求仙访道的心愿。

随后的日子里,李白就像年轻时一样,游历山河大地,遍交四方宾朋,尽管天意作弄,名利转瞬即逝,也要潇潇洒洒活得自在。

至于李白的游历生涯,根据不完全统计,大唐首席"驴友"李白一生到过十八个省,去过二百零六个州县,登过八十多座山,游览过六十多条河川、二十多个湖潭。其中就有"飞流直下三千尺,疑是银河落九天"的庐山,"危楼高百尺,手可摘星辰"的江心寺,"孤帆远影碧空尽,唯见长江天际流"的黄鹤楼,等等。李白用一生完美地诠释了一个"文艺驴友"的自我修养。

回归大自然的他恢复了诗作高产状态。每次喝完酒,他的想象力就疯长,个人名气很快就走上了顶峰。

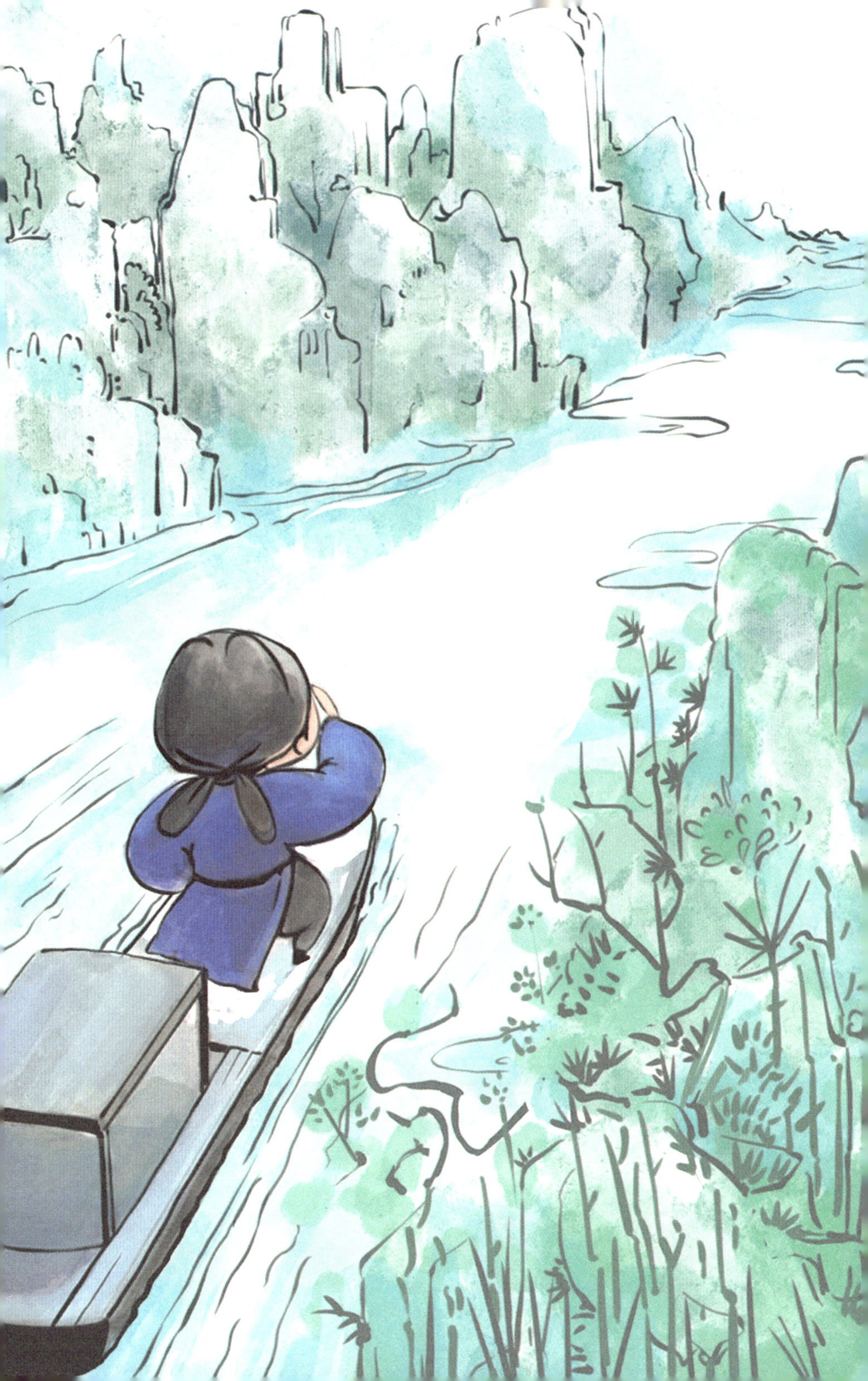

有人惊叹说:"李白不是人,是仙。"

比如,李白大醉三天后所作的那首饮酒千古名篇《将进酒》。

将进酒(节选)

君不见黄河之水天上来,奔流到海不复回。
君不见高堂明镜悲白发,朝如青丝暮成雪。
人生得意须尽欢,莫使金樽空对月。
天生我材必有用,千金散尽还复来。

这首神作,汪伦至少在深夜抄写了三十遍。

"读李白的诗,感觉自己不在地球上,像造物主。"

长年在外游历的李白很少回家,婚姻自是难以维持。李白一生有过四段婚姻,一路上红颜知己、红袖添香之类的绯闻更是无数,最后一任妻子,是前宰相宗楚客的孙女,他们的结婚时间大概是天宝十二载(753年)之前,当时李白五十三岁。相比之前的三任妻子,李白对最后一任妻子的感情尤为浓烈,今天可以看到不少李白写给她的诗歌体书信,仅天宝十四载(755年)就有《秋浦寄内》《自代内赠》《秋浦感主人归燕寄内》等,可见上了年纪的李白,终于在情感上找到了灵魂伴侣,两人也相伴到老,度过了他人生最后的岁月。

好景不长，天宝十四载（755年），安史之乱爆发，李白携家带口往南逃难。这一年李白五十五岁。

三年后，五十八岁的李白只身提剑前往永王军营，表达了要为国立功的情怀（一说是被永王胁迫的）。总之，因为在永王李璘的幕府做事，在永王与肃宗争夺帝位的一系列政治斗争失败之后，李白受到牵连入狱，后被判罪长流夜郎郡（今贵州桐梓一带），本质上是有去无回的一次放逐。政治上站错队的他，身边再也没有曾经的那些亲朋好友可以凭依。

曾经的挚友高适是关押他的将领，此时却只装作素不相识。

世人皆爱的李白，此时已沦落到"世人皆欲杀"的惨淡地步。

年近花甲的李白已贫病交加，还要长途跋涉前往蛮荒之地，本以为此去流放必然有去无回，谁知道在流放到白帝城的时候，收到了朝廷的特赦令。沧桑的李白立马满血复活，又变回那个豪放乐观的少年，当场写下《早发白帝城》。

早发白帝城

朝辞白帝彩云间，千里江陵一日还。

两岸猿声啼不住，轻舟已过万重山。

事不宜迟，他赶紧从白帝城出发返程，归心似箭，一天不到就来到了江陵。

之后的几年，李白一直在江南漂泊。由于战乱，他的日子过得穷困潦倒，从前一掷千金的日子恍如前世旧梦，一去不复返。

一年之后，宝应元年（762年），李白病重，知道自己撑不住了，最后一次喝了个痛快，"醉死于宣城"。

这一生，如梦幻泡影，一场盛唐的诗歌幻梦，落幕了。

从此世上无诗仙，人间不复有李白。

《旧唐书》对李白的死，只记载了一句话："以饮酒过度，醉死于宣城。"

古来圣贤皆寂寞，李白也不例外。孤独，是天才的宿命……一个心中有梦而又无处可追的人，稍一清醒就会被漫天的孤独和痛苦包围……

独坐敬亭山

众鸟高飞尽，孤云独去闲。
相看两不厌，只有敬亭山。

月下独酌（节选）

花间一壶酒，独酌无相亲。
举杯邀明月，对影成三人。

　　这两篇是李白脍炙人口的名篇佳作，可以说这两首诗写得有多好，李白的孤独就有多深……

　　为什么杜甫被称为"老杜"，李白没有被称为"老李"？
　　因为杜甫不曾年轻，而李白从未老去。
　　李白到死都是轻狂浪漫的——无论经历了多少磨难与失败，只要有一线光明与希望，他总会立刻原谅生活，重新充满阳光与斗志。罗曼·罗兰说："世界上只有一种真正的英雄主义，那就是在认清生活的真相后依然热爱生活。"李白就是这样一个真性情的人，霜雪满头，却依然年轻，出走半生，归来仍是少年！

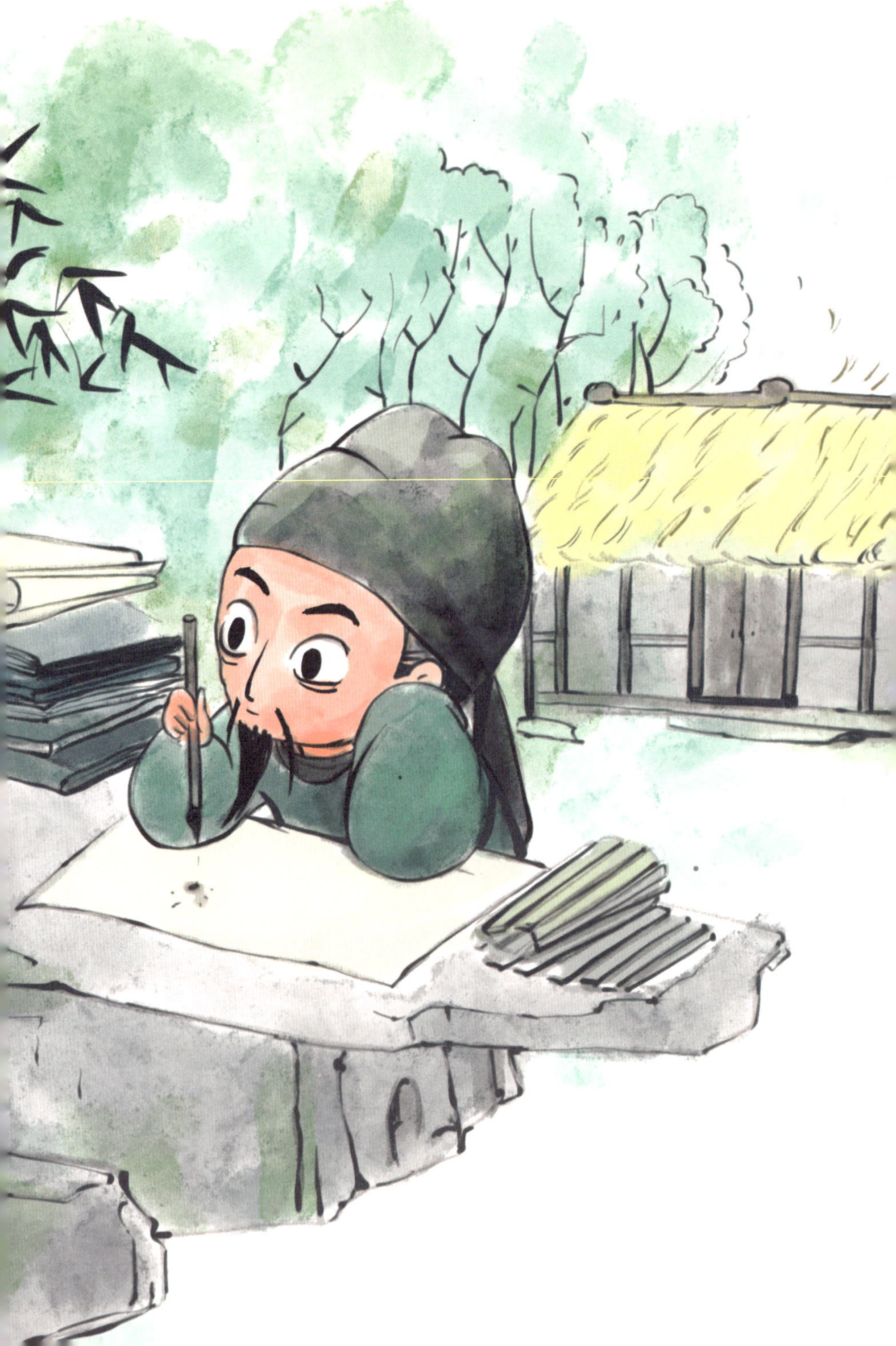

杜甫

最熟悉的陌生人

对于杜甫，我们是既熟悉又陌生的。熟悉是因为我们都读过不少他的诗，陌生是因为我们从未深入了解过他的人生。

我们眼前浮现的诗圣，始终是个悲苦的老人形象，仿佛这个人从来未曾年轻过。

话说唐肃宗上元二年（761年）八月，安史之乱尚未结束。成都浣花溪边，杜甫在亲朋好友的帮助下总算盖了一间茅草屋暂时遮风挡雨，远看貌似是个房子，近看大抵像个房子，然而风雨一来，茅草纷飞，外面冷里面也冷，约莫很难算得上是个房子。

此时的杜甫就是大家熟悉的穷困潦倒瘦老汉形象，光是活着，就已经拼尽了全力。

那是八月深秋的某天，狂风怒号卷走了屋顶的茅草，四处飘落。杜甫忙出门去捡茅草，有些刮到高树上，有些掉在池塘洼地处，正在苦恼怎么捡起来的时候，看到村子里的一帮小孩也跑出来跟自己抢茅草。

"熊孩子们！这是我家的茅草，你们不要乱拿啊！"

"掉在外面的，谁捡到归谁！"熊孩子们不讲道理，捡起来就跑。

杜甫追呀追，追得气喘吁吁，扶着老腰上气不接下气。

"气死我了，我好歹是大唐诗圣，这么不给我面子吗？"

熊孩子们露出鬼脸，笑话这个瘦老头："什么诗圣啊，值几个钱啊，穷老头！"

到了晚上，失去了茅草的家四处漏风，冻得被子都硬邦邦的。

"这让我怎么睡呀！"杜甫唉声叹气，感慨自己好歹是名门出身，如今竟落魄至此，写了那么多千古佳句，却换不来一文钱稿费。

"呼噜呼噜。"

听到有人打呼的声音，回头看是自己的孩子睡得正香。

杜甫温柔地一脚踹醒孩子，拉过被子："给我留点被子，别全拉过去！"

在这冷风冷雨的凄凉夜晚，杜甫翻来覆去睡不着，悲天悯人的性情再度流露："我好歹还有个房子住，因为战乱流离失所的百姓成千上万，他们都有遮风挡雨的地方吗？要是有一天，每一个贫穷的人都可以住进冬暖夏凉的大房子里，普天之下的穷人都可以尽情欢笑，那该多好！如果真能看到那么一天，我杜甫就算独自被冻死又有何妨！"

茅屋为秋风所破歌（节选）

安得广厦千万间，大庇天下寒士俱欢颜！风雨不动安如山。呜呼！何时眼前突兀见此屋，吾庐独破受冻死亦足！

只要天下太平，人民安居乐业，冻死我杜甫又有何妨？

如此胸怀悲悯，即使身处困境也不忘为那些更困难的穷人担忧，诗圣之名之所以彪炳千秋，正是因为其人性的光辉令后人敬佩。

杜甫总被亲切地称为"老杜"，而李白，却从没被人叫过"老李"。有人说，是因为杜甫给人感觉不曾年轻，而李白从未老去。

其实，杜甫也曾年少轻狂过。

延和元年（712年），杜甫出生在京兆杜氏，家族世代为官，别看杜甫晚景凄凉，其实他出身名门望族，祖父杜审言是武则天在任时期的大诗人，父亲杜闲曾任兖州司马，他从小衣食无忧，青少年时期过得简直不要太潇洒：穿高档皮衣，骑帅气骏马，携飞鹰走狗到处游玩打猎，不但读万卷书还行万里路，朋友遍天下。直到十五岁时，他还在没心没肺地上树摸鸟、下河抓鱼，早上睡到太阳晒屁股，晚上耍到半夜野狗叫。

"我的青春我做主。"

杜甫年轻的时候可不像后来那么悲天悯人,那叫一个年少轻狂,丝毫不亚于李白。我们都熟悉的名句"读书破万卷,下笔如有神",其实是他用来形容自己阅读量惊人,写作不费吹灰之力的"凡尔赛文学"[1]。

奉赠韦左丞丈二十二韵(节选)

甫昔少年日,早充观国宾。
读书破万卷,下笔如有神。
赋料扬雄敌,诗看子建亲。
李邕求识面,王翰愿卜邻。
自谓颇挺出,立登要路津。
致君尧舜上,再使风俗淳。

年少的时候,朝廷就邀请我去首都当国宾参观。我读书超级多,写东西就跟神明附体一样妙笔生花。我的才华就像那西汉的扬雄、曹魏的曹植。大书法家李邕求着要认识我,大诗人王翰希望做我的邻居。我将来要是有机会辅佐明君,一定可以

---

[1] 凡尔赛文学:也称"凡尔赛""凡学"。网络流行语,指明贬暗褒,看似抱怨,实为炫耀的说话方式。

让天下恢复尧舜时期的淳朴风气!

一股意气风发扑面而来。谁人年少不轻狂?

这个任性的男孩,刚成年不久,就开启了一场说走就走的旅行。

那时,恰逢开元盛世,社会开放,经济繁荣。山东、江苏、浙江,名山大川、历史古迹、犄角旮旯,没有杜甫不去的。作为一个驴友,他简直比徐霞客还资深。

到了二十四岁,杜甫走过场般地参加了一次科考,然后理所当然地落榜了,此时的他毫不在意,又跟老爸要了赞助继续漫游,花着老爸的钱,一口气从长安游玩到如今的江浙沪地区,一玩就是两三年,甚至一度想出海去日本玩个痛快,只是没找到合适的船。估计是玩得太嗨,没有好好复习功课,之后回来参加了两次科举,都没有考中。此时杜甫还不慌不忙,觉得以自己的才华,迟早可以考中,不急,不急。

当时他爸在兖州当司马,杜甫就来到兖州一带住了一段时间。

探望了父亲之后,他又继续自己的旅程,途经泰山,写下名篇《望岳》:

> 岱宗夫如何?齐鲁青未了。
> 造化钟神秀,阴阳割昏晓。

荡胸生曾云，决眦入归鸟。
会当凌绝顶，一览众山小。

名句"会当凌绝顶，一览众山小"，表达了杜甫的自信与激情。

"俺杜甫要登上人生巅峰，那是早晚的事，嗯哼。"

他还是那么自信，给自己立下了壮志，却不知道现实社会一顿又一顿的毒打正在前方静静地恭候着。

在四处漫游的日子里，杜甫经常听人们提起一位名叫李白的诗人，好像到处都留有李白的传说和诗句，杜甫读后心生向往，认为这人的潇洒与才华在自己之上，顿时将李白视为自己的偶像，非常想找机会见见他。

李白比杜甫大一轮，那个时候早已是名满天下的"诗仙"。终于，在诗坛友人的介绍下，恰逢李白有空——被唐玄宗辞退，两人终于有机会见面。

杜甫激动得好几天没睡着觉，见到李白的时候都顶着黑眼圈，在见到偶像的那一刻，他觉得，人生圆满了。

天宝三载（744年）四月，杜甫在洛阳与李白见面，两位盛唐的大诗人一见如故，相逢恨晚，把酒言欢。于是结伴遨游，踏遍青山，一路结交志同道合之人。当时李白刚被皇帝辞退（赐金放还），得到一大笔补偿金，四处遨游，出手阔绰，只想散散心。杜甫虽然不太信修仙之道，但是能够跟随偶像一起游山玩水简直不要太开心，每天都跟做梦一样。这期间他们还遇到了著名的边塞诗人高适，三人组队，接着漫游，接着喝。这段时间是杜甫最快乐的日子。两个盛唐最有才的人，在这里完成了他们的邂逅。

在洛阳，在开封，在齐鲁大地，他们一起吟诗作对，一起喝酒。又是一个夜晚，杜甫用诗赞美李白——"李白斗酒诗百篇，长安市上酒家眠。""落笔惊风雨，诗成泣鬼神。"

跟李白交往的这几年，温暖了杜甫一世，多年以后，杜甫还陆续写了《赠李白》《春日忆李白》《冬日有怀李白》《梦李白二首》《天末怀李白》等十五首思念李白的诗。他春天想李白冬天想李白，白天想李白梦里也想李白，而李白却写了一首《赠汪伦》。

天宝四载（745年）秋，李白和杜甫在兖州分手，此后李白前往江东继续漫游，杜甫前往长安求取功名，两人至此告别，之后再也没有见过面。

天宝六载（747年），李隆基号召天下有才华之人都来长安应试，只要有一技之长通过选拔，就有机会吃皇粮，捧铁饭碗。

杜甫一听，立刻赶去报名，这种天赐的良机，怎么能错过。他对自己相当有自信，凭借这些年写诗的名气，要通过选拔那还不是竹篾里捉螃蟹——十拿九稳。

他相信自己的机会终于来了，那一年，杜甫三十六岁。这次考完，杜甫感觉自己发挥得十分不错，信心满满地期待放榜。等到发榜那天，杜甫彻底傻眼了——榜上一个字都没有，没有一个人通过选拔，所有考生都落榜了。因为奸臣李林甫怕考生们进了朝廷说他坏话，干脆一个都不录取。李林甫还冠冕堂皇地跟皇帝解释："这说明野无遗贤，天下英才已经都在朝廷之中，就不需要再招纳新人了嘛。"这就像高考考完之后所有学校都不录取新生，让考生们欲哭无泪，无处安身。

对于这样的结果，宰相很满意，皇帝也无所谓，杜甫却很生气。

更糟糕的是，只会写诗的杜甫，并没有收入来源，之后父亲突然过世，杜甫更是失去了赖以为生的经济来源，连积蓄都花完了，经常吃了上顿没下顿。

考不上科举，杜甫的日子也是越来越窘迫，只能靠给贵族写诗、帮闲蹭蹭饭，为了生活，杜甫"朝扣富儿门，暮随肥马尘"。实在没办法的时候只能摆摊卖草药。

奉赠韦左丞丈二十二韵（节选）

朝扣富儿门，暮随肥马尘。
残杯与冷炙，到处潜悲辛。

一分钱难倒英雄汉。年少不知赚钱苦,如今社会教做人。穷在闹市无人问,富在深山有远亲。

秋述(节选)

> 秋,杜子卧病长安旅次,多雨生鱼,青苔及榻,常时车马之客,旧,雨来,今,雨不来。

往后的日子,常常天还没亮,杜甫就排队在权臣贵胄家门口等候。

"哎,给个机会呗,我很有料的。"

却不料门都没进,就被护卫撵走,不仅莫斯科不相信眼泪,长安也不相信。

没工作、没收入,杜甫只能吃政府的救济粮度日。命运就是如此捉弄人,当年风花雪月的杜公子,如今却沦落为吃救济粮的杜大爷。真应了那句"举进士不中第,困长安"。

生活就像一条鞭子,你越是不顺从,抽得越来劲,抽完还要你笑着感谢生活,感谢它没把你抽死。趁着唐玄宗祭拜天地,年近四十的老杜赶紧给皇帝拍马屁,写了很多篇赞扬他的文章。

皇帝看到后非常喜欢,命令宰相出题考核杜甫。这位监考的宰相居然又是李林甫。

最后,杜甫只得到一句"等着,待用"。又过了四年,在

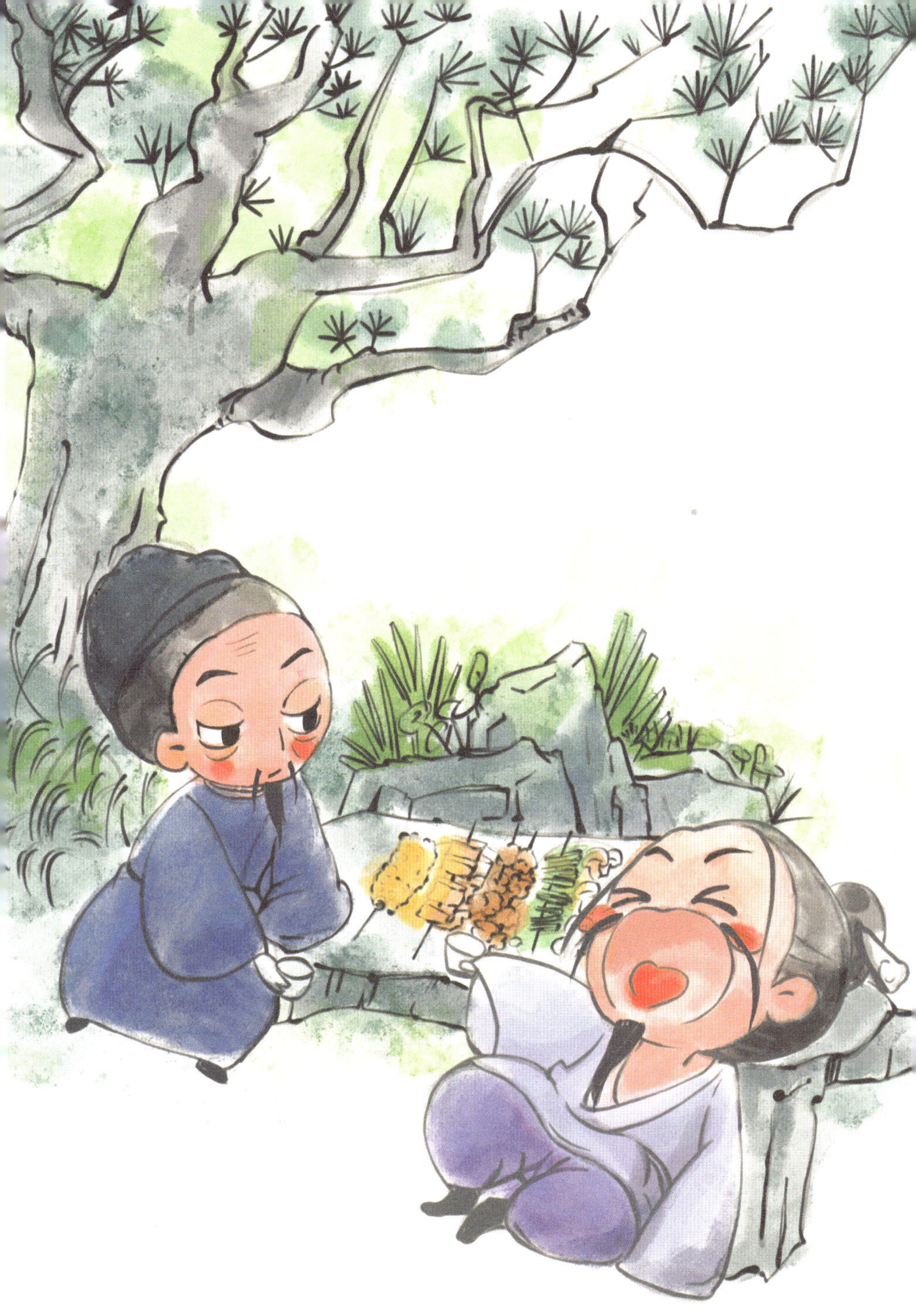

"长漂"了将近十年后,杜甫这个储备干部终于等来了机会:朝廷任命他为河西尉——一个九品的底层公务员。今天王二家丢了只鸡,得帮忙找;明天张三家夫妻吵架,要去劝和;后天来盗贼了,要抄家伙上。这份离家远、工资低的工作,杜甫拒绝了。

"不作河西尉,凄凉为折腰。"

唐玄宗压根儿就没把杜甫当回事儿,直接把任命书一改,让杜甫去做仓库管理员,人生已过四分之三的杜甫终于开始了他的第一份工作,多少年勤学苦读的一身才华毫无用处,每天枯燥地重复毫无技术含量的工作,看不到希望。

已过不惑之年的杜甫,再也受不了了。他要逃离长安!很快,杜甫辞了职,举家搬到长安以北二百公里外的富县。

正是在这段时间,杜甫才真正对百姓感同身受,体会到了百姓生活的不易和权贵的奢靡自私,这段经历孕育出了悲天悯人、痛陈人民艰苦生活的一代诗圣,要不怎么说"文章憎命达"呢?

这时杜甫的文风彻底变了。杜甫的后半生,成了一个伪装成诗人的民生记者、大唐纪实纪录片导演,不是《三吏》就是《三别》,不是批评教育就是抨击揭露。让后世之人在大唐盛世的华丽锦袍下,看到满地"虱子和跳蚤"。一边是贵族的骄奢淫逸,另一边是底层老百姓在各种压迫与剥削之下饱受煎熬,过着朝不保夕的苦难生活。这让我们看到了大唐的另一面——原来所谓大唐盛世,只是权贵的盛世,底层百姓的生活依然得不到保障,生活在水深火热之中。

一个心中真正有百姓的伟大诗人，不在乎自己一个人的荣辱得失，更关心广大贫苦百姓的生活。

杜甫的伟大，在于他胸怀天下苍生的疾苦，秉笔直书。

那时，唐玄宗经历了年轻时的腥风血雨和中年时的开元之治后，自负到了极点，刚愎自用，沉迷享乐。对宠妃杨玉环死了都要爱。

玉环爱吃荔枝，就给她开通了两千公里的快递专线；玉环喜欢大牌时装，就给她成立了一支七百人的服装制作团队——总之，谁不让你买买买，我就剁谁的手。

最初，杨贵妃是完全不参与政事的。但是，唐玄宗太爱她，对她言听计从，不知不觉她就有了政治影响力。他深爱玉环，也信任玉环。没几年，杨玉环的家人都鸡犬升天，纷纷走上重要领导岗位（如杨玉环的族兄杨国忠）。

就在唐玄宗和杨贵妃享受神仙般的生活时，北方的安禄山野心勃勃，正在磨刀霍霍向长安。身为胡人的安禄山技能非常全面，上场骁勇善战，下场吹拉弹唱，一人就包揽了三个节度使职位。

天宝十四载（755年），安禄山终于忍不住以讨伐杨国忠为名造反，开启了长达八年的"安史之乱"，吓得唐玄宗拉着杨玉环的手仓皇逃窜。

杜甫被激发出血性，怀着满腔忠君爱国之情，玩了把穿越火线。这是他一生中最荣耀的时期，不仅"跑毒"[1]成功，顺利"苟"[2]到最后，还被唐肃宗看中，得到了左拾遗的官职。但是他没高兴多久，就因为谏言得罪皇帝而被贬了，最终被逐出权力中枢，又成了孤苦老人。

年近五十孑然一身，知庙堂之高，也懂江湖之远后，杜甫在朋友的帮助下，在成都拿到了一处安置房。守着自己的杜甫草堂，用一支笔杆书尽天下事。即便他住的房子是"布衾多年冷似铁""床头屋漏无干处"，出门看到两只小鸟，也能生出岁月静好的情怀。

绝句

两个黄鹂鸣翠柳，一行白鹭上青天。
窗含西岭千秋雪，门泊东吴万里船。

---

1 网络流行语，源自游戏《荒野行动》。根据设定，游戏地图会定期缩小"安全区"，玩家必须在规定时间内跑入，否则将"中毒"而死。安全区外的领域被称作"毒圈"，玩家躲避毒圈即为"跑毒"。此处引申指当时被叛军扣押在长安的杜甫冒险从城西金光门逃出，穿过两军对峙战区，到陕西凤翔投奔唐肃宗。
2 网络流行语，源自游戏《绝地求生：大逃杀》。游戏常以组队形式进行，当玩家遭到击杀而尚未彻底死亡时，尽量保存体力等待队员救援的行为即为"苟住"。可引申指在不利形势下尽可能蛰伏，等待翻盘的时机。

春夜喜雨（节选）

好雨知时节，当春乃发生。
随风潜入夜，润物细无声。

杜甫在生命的最后时刻回首自己的一生，说这辈子一事无成，泪如雨下。

据不完全统计，晚年的杜甫患有高血压、中风、糖尿病、疟疾、肺病、失聪、白内障等各种疾病，形容枯槁，能活着已是奇迹。

大历三年（768年），安史之乱结束后，杜甫思乡心切，买了一艘小船一路漂泊归乡。坐船经历了两年的漂泊生涯，年近六旬的杜甫来到了耒阳，不幸遭遇洪水被困，饿了五六天没东西吃，好不容易得到县令送来的酒肉，却因暴食一顿而死。据说是饿了太久消化不良，也有一说是食物中毒，不过更大的可能是他这一路风雨交加，遭受洪水围困之后病情加重，最终身体实在吃不消，因病去世。

总之，一代诗坛巨擘，最终死在了漂泊的船上，如同他漂泊不定、颠沛流离的一生。

当时，几乎没有人在意他的离去，历史的灰尘，悄无声息地把他埋葬。直到杜甫死后的第四十三个年头，他的孙子杜嗣业才四处筹款，将其灵柩迁回他的老家河南巩县，葬在他最崇敬的十三世祖杜预的坟旁。

纵观杜甫一生，快乐的时光是短暂的，悲痛的时候占大多数。然而正是因为那些悲痛，他才作出了许多不朽的诗篇。恰如清朝诗人赵翼所说："国家不幸诗家幸，赋到沧桑句便工。"

杜甫，正是沧桑的代名词。

多年以后，当时光洗净尘埃，有一个叫元稹的人，就是那个写下"曾经沧海难为水"的诗人，发现了大唐宝藏诗人杜甫，将他的一千五百多首诗收集起来，那已经不是诗，而是关于整整一个时代的伟大纪录片！

元稹呆住了，有人告诉他："这个默默无名、穷困潦倒的诗人很可怜，客死异乡，被孙子千里迢迢送回河南老家埋葬，连墓志铭都没有。"

元稹挽起了袖子写道："上薄风骚，下该沈宋，言夺苏李，气吞曹刘，掩颜谢之孤高，杂徐庾之流丽。""诗人以来，未有如子美者。"

如果说李白的诗是浑然天成，快意恩仇，那么杜甫的诗则是千锤百炼，忧国忧民。李白富于才，杜甫深于学。富于才者豪于情，深于学者笃于性。

诗不外乎性情。以性情为诗，所以凌驾一代，妙绝千古。李白富有激情，杜甫臻于深刻。时代和生命追求激情，所以李白始终萦绕于我们心怀；历史和社会强调深刻，所以杜甫一直回荡在我们脑海。

韩愈说得好："李杜文章在，光焰万丈长。"如果诗坛里，只有李白一人傲视群雄，李白未免太孤独了；如果诗坛里，只有杜甫一人独步天下，杜甫似乎太寂寞了。现在，李白和杜甫共执诗坛牛耳，因为对方的存在和相惜，而不再感到孤独！他俩是文学星空中璀璨的双子星，也是诗坛永恒矗立的双峰，彼此深情凝望，又相互辉映。他们的人格和诗格融为一体。想起李白，我们总会向往那种桀骜不驯，浪漫飘逸的人格和精神世界，那是神于天的境界；想起杜甫，我们总不会忘记社会与人生的苦难，需要有人举着火炬，无论穷达，兼善天下，那是圣于地的担当。

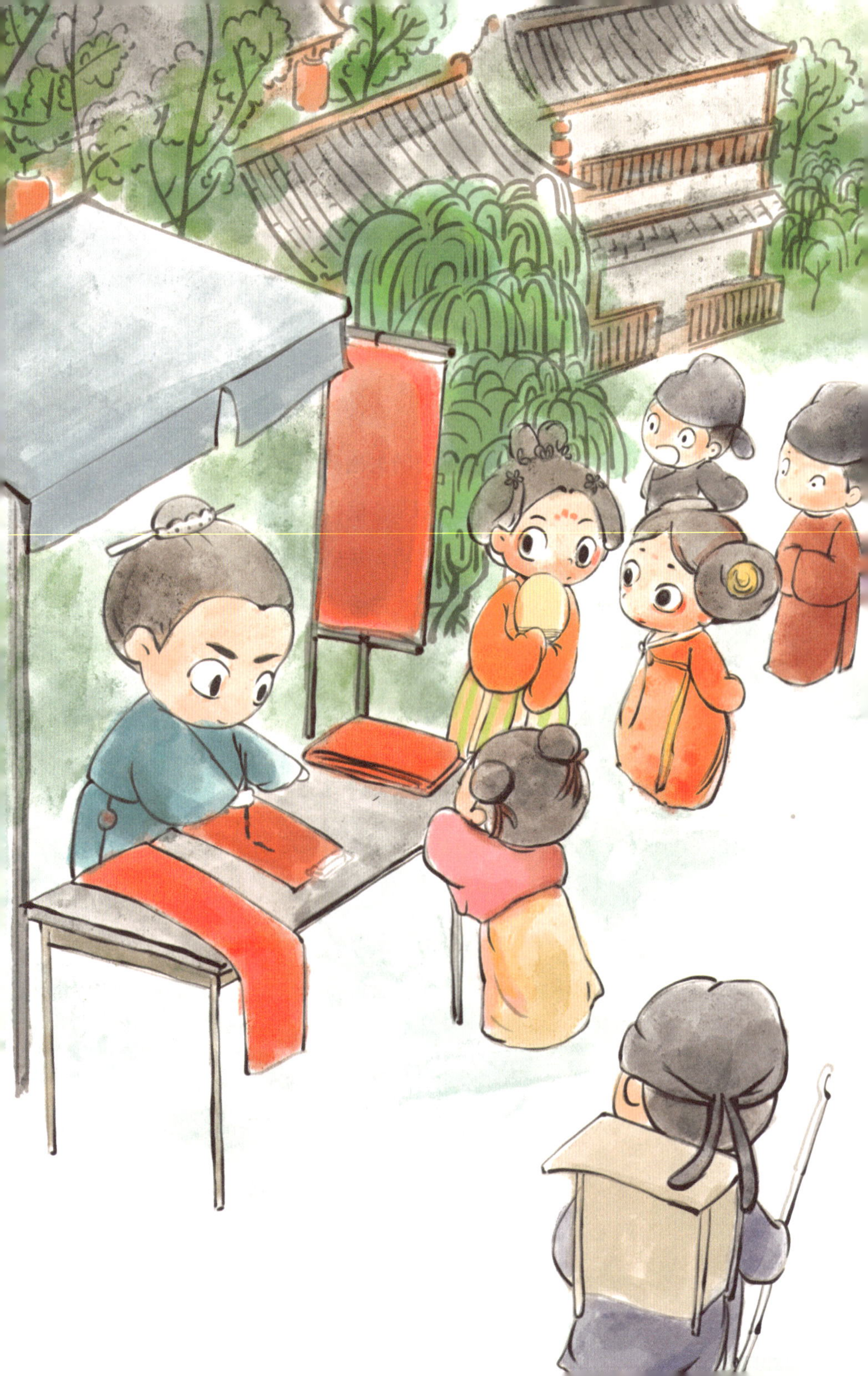

李商隐

问世间情为何物

"问世间,情是何物,直教生死相许。"

三百年后的元好问写下如此名句,若是李商隐见到,一定忍不住给点个赞。

李商隐这一生,正是来体验情为何物的一生。

爱情,是人类永恒的主题。整个大唐诗坛群星璀璨,写爱情的诗何止千万,然而李商隐独领风骚,被人们誉为"情诗之王"。他胜在哪里?

李商隐的许多诗都以"无题"作为题目,到底是为谁而写?表达的又是什么样的情感?多少心事欲说还休?众说纷纭,各有各的说法和坚持。"无题"胜有题,让人琢磨不透,成了只有他自己才知道的秘密。

比如下面这首《无题》,有人认为是写青梅竹马的初恋,也有人认为是借少女伤春来抒发李商隐郁郁不得志的苦闷。总之,最终解释权归李商隐所有。

无题二首·其一（节选）

八岁偷照镜，长眉已能画。
十岁去踏青，芙蓉作裙衩。
十二学弹筝，银甲不曾卸。
十四藏六亲，悬知犹未嫁。
十五泣春风，背面秋千下。

这么具体的描述，我更愿意相信是李商隐曾经亲密相处过而最终可望而不可得的邻家姑娘。毕竟李商隐写情诗，从不藏着掖着。

李商隐十岁丧父，家道中落，小小年纪就开始工作贴补家用。别人家的孩子还在跟父母撒娇讨钱，李商隐已经到处兼职，抄书、舂米，帮妈妈分担辛劳。

他将对青梅竹马的爱恋深深地埋藏于心底，不敢接近也不敢表达，一直等到许多年后的某个春天，才缓缓将心中的情感抒发在《无题》诗中。

全天下的人都猜不透也无所谓，只要那个人知道，这首诗是写给她的，就足够了。

李商隐历尽生活磨难，却始终是个温柔的人。

早慧的李商隐，聪颖而孤独，坚韧而隐忍，他在努力工作的同时也没放弃学业，始终不放弃改变命运的机会，日复一日地苦读，到十六岁的时候，已经写得一手好文章，引来文坛的关注。

当时的文坛巨擘"诗魔"白居易就注意到了这个小伙子，对李商隐青睐有加，并经常请他来白府吃饭喝酒，不久就推荐李商隐结识了当时文坛的领袖级大佬令狐楚。

令狐楚，听这个姓氏就不是普通人，放在武侠小说中八成是个绝世高手。没错，令狐楚在当时的文坛和政坛都是举足轻重的大人物，就连皇帝在路上看见他，都会主动掀起车帷招呼致意。

令狐楚主攻骈体文，在当时与韩愈的古文、杜甫的诗并称为"三绝"。他还有更显要的身份——户部尚书，相当于现在的财政部部长。多少人求着想见令狐楚都没门儿，他却对李商隐一见如故，尽管隔了两辈（令狐楚比李商隐年长近四十岁），两人却格外聊得来，令狐楚对这个后辈疼爱有加，并且让他跟自己儿子令狐绹一块儿读书。

绹绹即将参加科考，可学习成绩不太理想，令狐楚让李商隐和他一块儿读书，意思是好生带差生，一帮一，一对红，将来入了仕途，彼此也有个照应。

此时的李商隐可以说是大运当头，吉星高照。如果人生是一场牌局，此时的他摸到了一手超级好牌，只等自摸和牌。

令狐楚如师如父，对李商隐的爱已经到了无以复加的地步,有时候甚至表现得比对亲儿子还亲。这位晚唐文坛的一代宗师不仅手把手教李商隐怎么写文章、怎么规范论文格式、怎么写皇帝喜欢的公文,乃至公务员考试的历年真题集都给他详细讲解,希望他可以顺利高中。平时李商隐学习累了,令狐楚还会带他出入上流社会,欣赏音乐舞蹈,结识当时朝野内外的名门。令狐楚还担心自己年纪大了以后照顾不了李商隐,天天给儿子令狐绹洗脑,说:"你要把李商隐当成你的亲兄弟,知道吗?"

绹绹乖巧地点头,表示只要自己有一口饭吃,就饿不死李商隐兄弟。令狐绹也确实听爸爸的话,对李商隐掏心掏肺,把他当成人生至交来对待。

后来令狐绹当了宰相,而且一当就是十多年。同学们肯定会问,那李商隐岂不是也跟着发达了?

不急,且慢慢道来。毕竟人生这回事,总是充满了意外。

话说令狐老爷子将毕生内功渐渐传给李商隐之后,本就才华横溢的李商隐从此更是功力大增,如同练成了乾坤大挪移的张无忌,文章一出手就令人交口称赞。

有偶像白居易亲自为他宣传,李商隐一时成了洛阳文艺界的香饽饽,人人都想结识他,更是多了无数追随者。

"哥哥不仅有才华,写的诗还那么深情动人,我真实地流泪了。"

"人间不值得，但李商隐哥哥值得！"

随着少年郎逐渐长大，腹有诗书气自华，又有令狐家丰裕的物质供养，李商隐长成了翩翩君子，气质斐然，举手投足之间，透着一股自信与优雅。李商隐的文章频频霸榜，引来无数读书人的好奇与喜爱。

小李的桃花运，也是纷至沓来。

有一位富家小姐，名叫柳枝，年方十七，某日在家门前听见有人吟诵《燕台四首》，惊讶于世上真有这样的感情。

得知吟诗人正是作者李商隐的堂兄，便托他寄衣带以乞诗，以表示自己的欣赏。

俗话说得好，"女追男隔层纱"。很快两人便约了见面。

这一见，李商隐的风流倜傥瞬间俘获柳枝的芳心，两人确认过眼神，都是想谈恋爱的人。柳枝的那条衣带便成了定情信物。

一段美好姻缘近在眼前，结果第二天李商隐就接到紧急通知要前往长安参加科举了。

大和四年（830年），李商隐信心满满地和令狐绹一起进京赶考，他照镜子都感觉自己额头上仿佛刻了字——必过！

面对临考前紧张兮兮的差生令狐绹，李商隐鼓励他道："别怕绹绹，先做简单的，不会的也别空着，能答多少算多少，选择题口诀一定要记牢——三长一短选最短，三短一长选最长，两长两短就选 B，同长同短就选 A，长短不一选择 D，参差不齐 C 无敌。以抄为主，以蒙为辅，蒙抄结合，一定及格！别撕书，可能会复读。"

令狐绹在那边愣愣地点头，李商隐丝毫不紧张地该睡睡该吃吃。等到发榜那一天，令狐绹进士及第，李商隐名落孙山。

李商隐盯着榜单半晌回不过神，脑海中回荡着无数个"不可能"。

大半年之后，落榜后的李商隐回到洛阳，听闻柳枝姑娘已经被母亲许给了一个中年男子。考场、情场双失意，此时的李商隐第一次感受到了这个世界的残酷。

埋葬了初恋，李商隐心灰意冷。他感觉自己不会再爱了。他甚至脑补了柳枝姑娘在家苦苦等他的场景，把自己感动得一塌糊涂。滔滔悲情化作一首凄美的诗，没有标题：

无题四首·之一（节选）

贾氏窥帘韩掾少，宓妃留枕魏王才。
春心莫共花争发，一寸相思一寸灰。

人生总要继续，爱情还会发生。两年后的七夕节，李商隐和好朋友来到洛阳城北的一座道观，一位皇族公主从道观内缓缓而出，两位侍女跟在身后。没有早一步，也没有晚一步，李商隐跟其中一个侍女四目相对，他看到了一双清澈如水的美眸。那一刻，电光石火，李商隐就此沦陷，成了爱情的俘虏。这个侍女叫宋华阳，是公主的贴身女伴，李商隐赶紧写诗一首，连夜派人送去。

无题（节选）

风波不信菱枝弱，月露谁教桂叶香。
直道相思了无益，未妨惆怅是清狂。

李商隐直露心意，从小在皇宫长大的侍女哪里经得住这般表白，从此，花前月下，你侬我侬，海誓山盟。爱情，最怕在无能为力的年纪，遇见了最想照顾一生的人。没过几天，宋华阳就被公主告知，要回京城了。在唐朝，侍女没有人身自由，这次分别，其实相当于永别。宋华阳连当面告别的机会都没有，只派了一个小丫鬟送信。李商隐非常郁闷，又一次把滔滔悲情化作一首诗——还是没有标题：

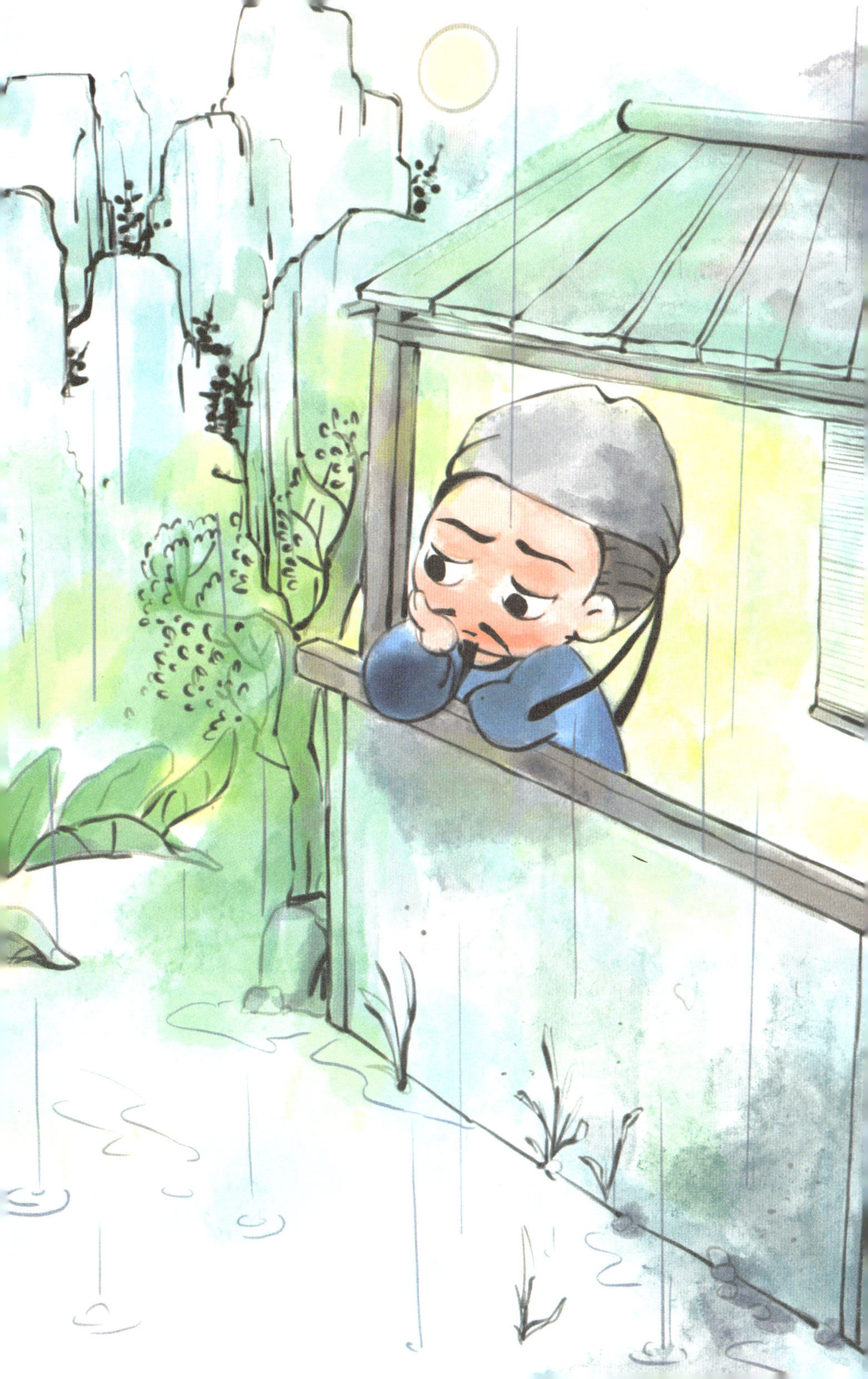

无题（节选）

相见时难别亦难，东风无力百花残。
春蚕到死丝方尽，蜡炬成灰泪始干。

用情至深的李商隐自觉已经精神恍惚了。几年后，李商隐奋发图强，二十四岁的他在第五次科考中，高中进士。其实这次能中进士，还是要多亏令狐绹。他曾在主考官高锴面前多番强调，在自己交好的人当中，李商隐的学识最好。

就在他中进士的这一年，恩师兼忘年交令狐楚去世，享年七十二岁。李商隐忙前忙后协助令狐绹操办葬礼，并且声泪俱下地写下了悼念文。

令狐楚去世后，令狐家族由于朝中牛李党争的关系更加势衰。李商隐尽管过了科举，却始终还是个无业游民，眼看自己出头无日之时，却意外收到了泾原节度使王茂元的邀请，高薪召他去做幕僚。长期没有收入的李商隐心动了，犹豫一番之后，还是去上班了。新任老板王茂元相当于现在的军区司令，三品大员，位高权重，有一个貌美如花的闺女，名叫王晏媄。天生情种的李商隐偶然见到王晏媄之后，再难忘怀，一颦一笑都反复回味，再一次陷入爱情。可是两人身份悬殊，李商隐不敢主动联系，只有将满腔深情化作一首首朦胧的情诗。

无题（节选）

昨夜星辰昨夜风，画楼西畔桂堂东。
身无彩凤双飞翼，心有灵犀一点通。

没想到，有才华又长得帅的李商隐，其实也得到了王晏媄的喜爱，王茂元觉得小伙子人不错，就做主成全了这一对双向奔赴的才子佳人。

第二年，两人携手成婚，新婚宴尔的李商隐仿佛走上了人生巅峰，恍惚间以为自己从此可以一帆风顺，过上童话般幸福美满的生活。

可恰恰是这段完美的爱情，让李商隐陷入了政治斗争的旋涡。当时，正值晚唐两大党派斗争——牛李党争火热之际。不巧的是，李商隐的恩公令狐楚是牛党，而岳父王茂元却是李党，也就是说，他成了夹心饼干，牛、李两派都觉得他身份有点尴尬，自然都没把他当队友。李商隐的文学才华固然高，但政治意识还是偏薄弱，他只顾追求自己的爱情和人生，完全没有意识到，令狐家对他厚待多年的这份恩情，是需要他用政治生命来报答的。

他这么一结婚，令狐绹听说后人都傻了，不敢相信多年的好兄弟李商隐竟然会投靠政敌。李商隐的婚姻让他三面不讨好：在牛党眼中是叛徒，在李党眼里像细作，在吃瓜群众看来，则是厚脸皮的两面派！令狐楚当初身居高位，处在党争的旋涡之中，如今死了，整个家族面临着许多困难。令狐绹作为儿子，失去了父亲的庇护，在党争中焦头烂额，直面风霜，正处于人生低谷，是最需要人雪中送炭、相互扶持的时候，李商隐却不见踪影了。他娶谁都行，可偏偏欢欢喜喜地娶了令狐家敌对党的女儿，令狐绹差点气晕过去。

他写信破口大骂，骂得纸张都快写不下了，表示此生无法原谅李商隐。"好你个白眼狼。我把你当亲弟弟，你把我当冤大头。我们令狐家没有女儿嫁给你，你就去做我们死对头的女婿，你就是这么报恩的吗？"

令狐绹感受到了深深的背叛，将家中有关李商隐的一切痕迹烧掉，从此与李商隐断交。

后来，令狐绹的职位越来越高，官至宰相。王茂元去世后，李商隐也没有了靠山，而记仇的令狐绹开始报复性地打压李商隐，导致李商隐后半生的职业生涯基本上就是调来调去，永远不升职、不加薪，被昔日的好兄弟折腾得焦头烂额。

此后的职场生涯里，李商隐备受压迫，他屡屡遭受打击，一再寄人篱下，辗转在各地的幕府中打杂，过着颠沛流离、没有希望的打工日子。才三十多岁的他，常年在外工作，日子却越来越穷困潦倒，事业毫无前途，精神上饱受摧残。

在这黯淡的生活中，王晏媄给予他的支持与鼓励，是他灰色人生中最明媚的阳光，也是他人生中最值得珍惜的温暖。王晏媄温柔体贴，从未抱怨过生活的不顺与丈夫的穷困，洗衣、做饭、织布、做女红，粗茶淡饭也甘之如饴。对于妻子，李商隐抱有太多愧疚，愧疚自己没有给予她幸福的生活，反而让她一个千金小姐跟着自己受苦。

虽然日子过得清贫，但夫妻的感情很好，这对李商隐来说，已然知足。

那一年，身在四川的李商隐，听说老婆大病一场，焦急万分，却又无可奈何。只能焦急地望着窗外巴蜀的雨，陷入对老婆的深深思念中。滔滔悲情再次被引发，一首浓浓的情诗自然流出。这一次居然有了标题。

夜雨寄北

君问归期未有期，巴山夜雨涨秋池。
何当共剪西窗烛，却话巴山夜雨时。

短短四句诗里，时态就囊括了过去时（君问归期未有期）、现在时（巴山夜雨涨秋池）、未来时（何当共剪西窗烛），最关键的是，最后一句是一个巧夺天工的套嵌（却话巴山夜雨时），在未来时里套入了现在时。在这四句诗里，时态多次转换，时间线联结成网，呈现出在过去、现在、未来来回穿梭的状态。李商隐一直期待着、憧憬着，等哪天回去了，要和妻子说一整夜的话，聊聊在蜀地的生活，聊聊那漫长的秋雨，那被秋雨不断涨满如同思念的池水。但其实，在李商隐写诗的时候，他的妻子已经去世了。"何当共剪西窗烛，却话巴山夜雨时"，这样浪漫温馨的情景，已经不会到来了，它永远只能停留在李商隐的脑海里，在李商隐的心里，那场巴山的秋雨，大概永远不会停了。

直到好几个月后，李商隐才知道妻子亡故的消息，心如刀割，悲痛不已。

失去妻子之后，李商隐万念俱灰，一夜之间老了许多，他逐渐亲近佛教，甚至一度想要出家为僧。

时间飞快，转眼到了858年，曾经的翩翩少年郎，如今已成了鬓发渐白的中年人，已经四十七岁的李商隐感觉身体越来越差。他似乎有预感一样，辞掉了官职，跟京城的老朋友们一一告别，带着十七岁的儿子和十五岁的女儿，回到了老家荥阳。

那是他和妻子住过的老房子。他最后一次拿起笔，吐出灵魂中最后一丝美丽的灵气，留下了那首史上最朦胧无解的千古奇作。

锦瑟

锦瑟无端五十弦，一弦一柱思华年。
庄生晓梦迷蝴蝶，望帝春心托杜鹃。
沧海月明珠有泪，蓝田日暖玉生烟。
此情可待成追忆，只是当时已惘然。

唐宣宗大中末年（约858年），李商隐病故，带着对妻子王晏媄深深的思念，永远闭上了双眼。

他是诗人，是情种，也是时代落幕的牺牲品。

他的长相思，他的珠有泪，注定要流进诗里。他就像晚唐一只多情的蝴蝶，这一生采了许多晚唐的花，酿了许多晚唐的诗，朵朵五彩斑斓，句句精彩纷呈。

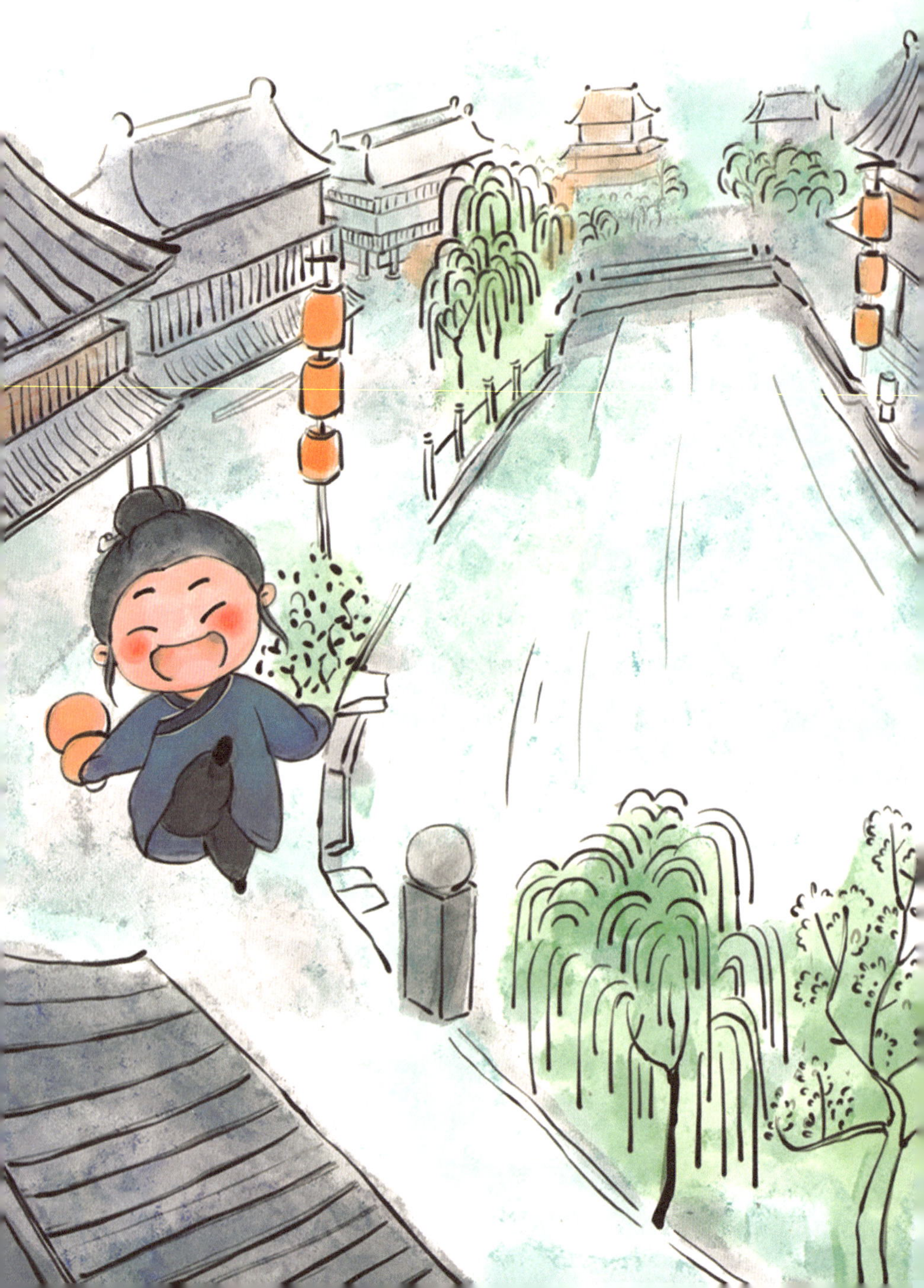

杜牧

扬州风流梦

李商隐这辈子最羡慕的人，是杜牧。

在李商隐眼里，"人间惟有杜司勋"。这是何等的崇拜！

杜司勋

高楼风雨感斯文，短翼差池不及群。
刻意伤春复伤别，人间惟有杜司勋。

虽然两人合称"小李杜"，为晚唐双璧，人生际遇却是天差地别。

李商隐一生苦苦追求而不得的东西，杜牧生来就有；李商隐辛辛苦苦加班加点，每个月工资到手捉襟见肘，然而杜牧每天醉生梦死逛青楼，处处受追捧；李商隐年少时一直爱而不得，杜牧却是百花丛中过，片叶不沾身。就连李商隐想结识杜牧，对方都置若罔闻。

杜牧不理睬李商隐的原因，固然有其出身高贵以致心高气傲的成分在，但更大的原因还是牛李党争。李商隐的岳父是李党的人，而杜牧和牛党的老大牛僧孺私交甚厚，所以为了避嫌，他不便理睬李商隐。

杜牧比李商隐大十岁，有意思的是，这两人也沾亲带故。

杜牧有个堂哥，叫杜悰，是唐宪宗的驸马爷，官至宰相，位极人臣。而这位杜悰，是李商隐的远房表哥。不过杜牧出身名门望族京兆杜氏，其爷爷是三朝名相杜佑，是典型的贵族公子哥，而李商隐虽然自称皇室后裔，不过没人承认，从小过着穷困的苦日子。

杜牧，字牧之，是上天宠爱的骄子。论出身，他生于"城南韦杜，去天尺五"的顶级望族；论颜值，他姿容甚美，眉眼如画，是个丰神俊朗的翩翩贵公子；论才华，他诗书歌舞无不擅长，兵法战略也不在话下；论魅力，多少女子"一见杜牧误终生"。

杜牧二十三岁就作出千古名篇《阿房宫赋》，上至王公贵族，下至贩夫走卒，无不钦佩。当时的太学博士吴武陵看了此作，顿时大喜，甚至主动找到时任主考官的礼部侍郎崔郾，强烈推荐杜牧，说这样的人不当状元就太可惜了。

不过崔郾表示，前四名的名额都已经被更有背景的人预定了，他得罪不起，就给个第五名吧。

后来放榜公示，杜牧果然是第五名。

杜牧一考就中进士，李商隐却连考五次。

由于人生太顺利了，杜牧的个性放荡不羁，不拘小节，从来都是有啥说啥，不会拐弯抹角，无形之中得罪了不少人，比如李党的老大李德裕就很不待见他。所以杜牧虽然自负有王佐之才，可是一直得不到施展的机会。

中了进士八个月后，杜牧接到江西观察使沈传师发来的任职邀请：小杜呀，我这里的工作很轻松哦，我这里好山好水好逍遥哟。

杜牧收到信，二话不说就收拾行李上路了。

沈传师在滕王阁举办宴会的时候，一位名叫张好好的歌女让杜牧眼前一亮。他从小到大见过的歌女数不胜数，可眼前这位还是惊艳到了他。她身上兼有少女的青涩纯真和歌女的娇柔妩媚，她的歌声中有对繁华的向往，她的眼神中还有懵懂的清新单纯——种种形成反差的美感在她身上呈现出迷人的魅力，杜牧瞬间就沦陷了。

杜牧从来不搞单相思那一套，喜欢就单刀直入，直抒胸臆，等张好好演唱结束，他直接上前攀谈，并且约好了下次单独吃饭。郎才女貌，才子佳人，两人很快花前月下、你侬我侬，杜牧每天都会去找张好好，一日不见如隔三秋。眼看二人就要私订终身，半路却杀出个程咬金——沈传师的弟弟沈述师,他无情地插进来一脚,豪掷千金要娶张好好为妾。张好好当然更喜欢杜牧,可是人在屋檐下,不得不低头,杜牧纵使出身贵族,在人家的地盘也没法儿争,只能含泪分手。张好好不想为难杜牧,主动结束这段感情,写了一首分手诗托人带给杜牧,看得杜牧黯然神伤:"孤灯残月伴闲愁,几度凄然几度秋。哪得哀情酬旧约,从今而后谢风流。"

大和七年(833年),情场失意的杜牧离开了江西,前往好友淮南节度使牛僧孺的幕府做掌书记(相当于办公室秘书),处理一些文书工作,轻松自在,一有空就四处闲逛散散心。

世人心目中的杜牧似乎成了扬州的形象代言人,一想到扬州就会想到杜牧,想到他的"十年一觉扬州梦,赢得青楼薄幸名"。其实杜牧在扬州待的时间并不长,满打满算也就两年,不过由于他太喜欢扬州,写下不少诗篇,让后人老把扬州和杜牧联想在一块儿。

寄扬州韩绰判官

青山隐隐水迢迢,秋尽江南草未凋。
二十四桥明月夜,玉人何处教吹箫?

遣怀

落魄江南载酒行，楚腰纤细掌中轻。
十年一觉扬州梦，赢得青楼薄幸名。

扬州最出名的就是秦淮河两岸的青楼，引多少文人骚客竞折腰。

杜牧在扬州工作之余，没少逛青楼，是当地文化娱乐圈的知名人士，各大青楼都以能吸引到杜牧为荣。当时他的上司牛僧孺心里都清楚，不过也任由他放飞自我，只是让士兵暗中保护，防止他喝高了遇到歹徒。

后来杜牧要回长安，临别时牛僧孺就劝他回京城以后收敛一点，不要那么放浪形骸。杜牧听了不太高兴，说，我怎么就不检点了？于是牛僧孺拿出一个箱子，里面都是士兵暗中保护杜牧之后写给牛僧孺的工作日志——平安帖。杜牧看了很不好意思，也很感动，觉得牛僧孺真够意思，表示以后会好好做事。

然而，江山易改，本性难移。天性风流的杜牧无论到哪里，总会有风流韵事发生。

在离开扬州回京城之前，杜牧在江浙一带游玩，途经湖州，遇到一名惊为天人的少女，被迷得神魂颠倒。结合之前杜

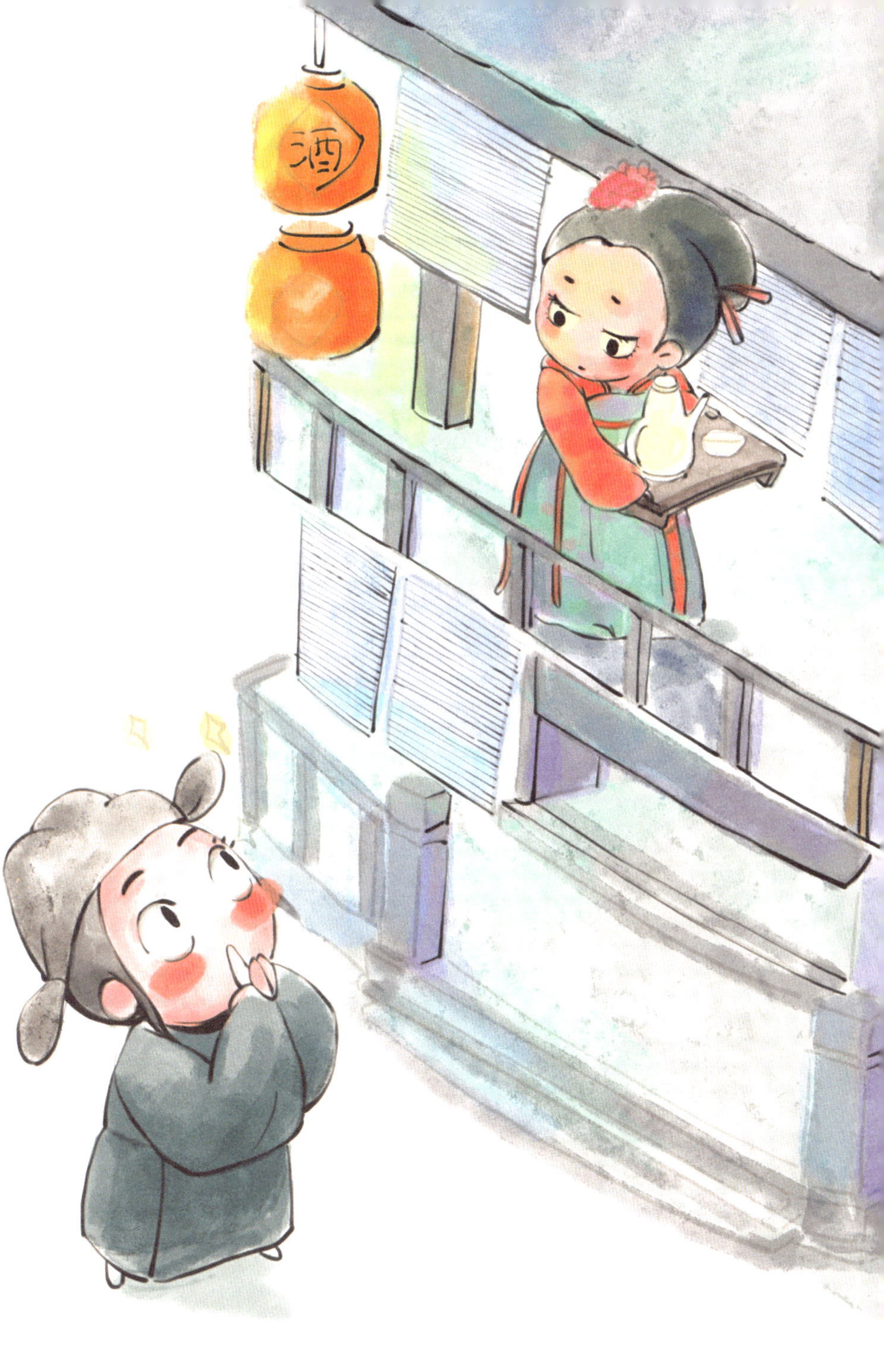
酒

牧爱上的歌女张好好，不难发现清纯永远是杜牧的心头好。他当即找到女孩的母亲，说自己想要娶她女儿，可以先下聘礼，不过自己马上要回长安，希望她女儿等他回来。后来杜牧在朝廷中官做得还可以，却总希望可以调到湖州任刺史，可是朝廷迟迟不许。直到十四年后，杜牧已经四十七岁了，才如愿以偿被派到湖州当刺史。等他兴冲冲地找到当初那家人，发现姑娘早就已经结婚生子，不禁叹息自己还是来晚了。人家小姑娘不可能为了一个风流才子的诺言一直等下去吧。

为此杜牧写了一首诗祭奠这段遗憾的感情。

叹花

自恨寻芳到已迟，往年曾见未开时。
如今风摆花狼藉，绿叶成阴子满枝。

再次回到长安后，杜牧被分配到东都洛阳上班，竟在街上偶遇了一个故人，那个曾经让他心动又哀伤的歌女——张好好。六年过去，此时的张好好已是亭亭玉立，成了洛阳东城一家酒家的卖酒女，曾经的青涩稚气早已褪去，多了几分历经世事的成熟风韵。

"你为什么会在这里？"杜牧惊讶地问。

"我离婚了,一个人无所依靠,便来洛阳找些事情做。"

"你成熟了好多,想必这些年经历了不少事。"

"你也是,你的胡子都白了。看来过得并不快乐。"

"好久不见。"

"好久不见。"

他们带着笑脸,挥手寒暄,只是坐着聊聊天,彼此心里都清楚,再也回不到当初在江西的岁月。

杜牧亲笔写下了著名的《张好好诗》,表达与张好好初识的惊艳与对她如今境遇的同情。至于他们后来有没有发生什么故事,就不得而知了。只听说杜牧死后,张好好经常出现在杜牧的墓前把酒倾诉。

总之杜牧的风流韵事很多,就不一一详谈了。

如果你觉得杜牧只是一个流连于风花雪月的情场浪子,那就大大低估他了。杜牧骨子里其实是个忧国忧民、富有政治军事才干却无用武之地的党争牺牲品。

就在杜牧前往洛阳工作三个月后,长安发生了骇人听闻的"甘露之变"。唐文宗李昂受不了宦官专横,联合大臣们密谋,以欣赏宫中甘露为由将权宦们骗至后院,埋伏好刀斧手,准备将其一网打尽,结果事情泄露,被宦官们带兵反杀,朝中大臣惨遭杀戮,血流成河,皇帝也彻底成了傀儡。幸好杜牧身在洛阳,躲过一劫,听闻噩耗,大惊失色,唏嘘曾经那个四方宾服、万邦来朝的大唐天子，如今竟连家奴也可以骑在他头上撒泼，一切都那么让人绝望。天下之人，不敢言而敢怒。

杜牧生逢晚唐，曾经的盛世荣光早已一去不复返，藩镇割据，宦官专政，文人傲骨也变成了一种不合时宜。对于这官场世道，他眼冷心热，不抱有任何期待却始终怀有改变的热情。风流放荡的外表下，杜牧文韬武略皆有不俗的造诣，二十岁出头就给《孙子兵法》做了十三篇注解，见解深刻，受到一众文人的认可，还提出过军事策略，受到宰相李德裕的认可与采用，史载李德裕平泽潞之叛，用的就是杜牧的策略。

杜牧不想站队，可是官场形势却逼着他做出选择。虽然他与牛僧孺私交匪浅，可在政治上更认同李德裕的主张和方向。平心而论，他既非牛党，也非李党，只是希望为朝廷做事，恢复社稷，振兴大唐。

虽然李德裕对杜牧的才干高度认可，对他的为人却很不喜欢。李德裕本身不好饮酒作乐，也对声色犬马很是厌恶，对杜牧纵情酒色、风流不羁的个性很是看不惯，再加上杜牧和牛党老大感情很好，自然免不了对他猜疑。

所以杜牧这一生最大的烦闷与压抑，与李商隐很相似，就是在朋党之争中左右为难，一身才华最终落得无用武之地。位卑未敢忘忧国，杜牧自小的志向就是平定天下，治国安邦，海晏河清，上凌烟阁[1]。即便在扬州放浪形骸之时，他也从未放下对国家乱象的担忧，写了一系列富有深刻思想见解的政论，包括《罪言》《原十六卫》《战论》《守论》等，从形势、政策、调兵遣将等方面，论述了平定藩镇的方略，水平非常高，以至于司马光编《资治通鉴》的时候，对杜牧的治国策略大为叹服，对杜牧的政治才干评价甚高，并全文收入《资治通鉴》。

杜牧这人活得很通透，就像庄子所说的渔夫——天下之水浑浊，我就用浊水洗脚；天下之人荒唐，我就比你们还荒唐。他我行我素，只在深夜酒醒时分，将严肃与忧愁留给孤独的自己。

后来，杜牧被贬到黄州做刺史，经营三年后把黄州治理得井井有条，上下心悦诚服，百姓怀念爱戴。以此看来，他确实有政治才干，只是一直以来都得不到权力中心的信任，多数时候不是在幕府打杂，就是做一些闲职，无法实现治国平天下的理想，确实可惜。也许，政治上的郁郁不得志也是杜牧流连风月场，以此麻痹自己的主要原因。

---

[1] 凌烟阁：唐代为表彰功臣而建的楼阁，内有二十四幅功臣画像，以"凌烟阁二十四功臣"闻名。

大中五年（851年）秋，杜牧已经四十八岁了，在湖州做了一年刺史，完成了多年的心愿，他似乎一下子苍老了许多。这一年他最亲爱的弟弟杜顗病逝，灵柩停在扬州等着被接回家乡安葬。杜牧离开湖州，经过扬州，泊秦淮河时看到两岸的秦楼楚馆繁华依旧，歌舞升平，不禁有种前尘如梦的恍惚，又想到自己曾经的荒唐岁月，更是恍如隔世。

他知道自己这一生相当幸运，没有资格说什么怨言。

只是停在秦淮河边，看着曾经辉煌的大唐王朝，如今纸醉金迷，灯红酒绿，人人沉浸在颓靡放纵的自我麻醉中，他仿佛已经预感到，千疮百孔、积弊已久的唐王朝，非一两个能臣可以拯救。以他的才华，其实在很年轻的时候就预见了这个时代的结局，他想做点什么去改变。可一切，都是那么无力，人无法改变时代的趋势，大厦将倾，非人力可以挽狂澜。

四十八岁那年，杜牧登上乐游原，写了一首诗：

将赴吴兴登乐游原一绝

清时有味是无能，闲爱孤云静爱僧。
欲把一麾江海去，乐游原上望昭陵。

大中六年（852年）冬，杜牧为自己写下墓志铭，却只字未提扬州。他一把火烧掉了自己的大部分作品，只留下十之一二留存于世。俱往矣，荒唐岁月不足提。不久，他病重离世，享年五十岁。

就在同一年的冬天，一个灭掉唐王朝的人出生了，那个人的名字，叫朱温，后来被唐僖宗赐名"朱全忠"。

公元 907 年，唐昭宣帝禅位于藩镇宣武军节度使朱全忠，唐亡。大唐最终亡于藩镇。

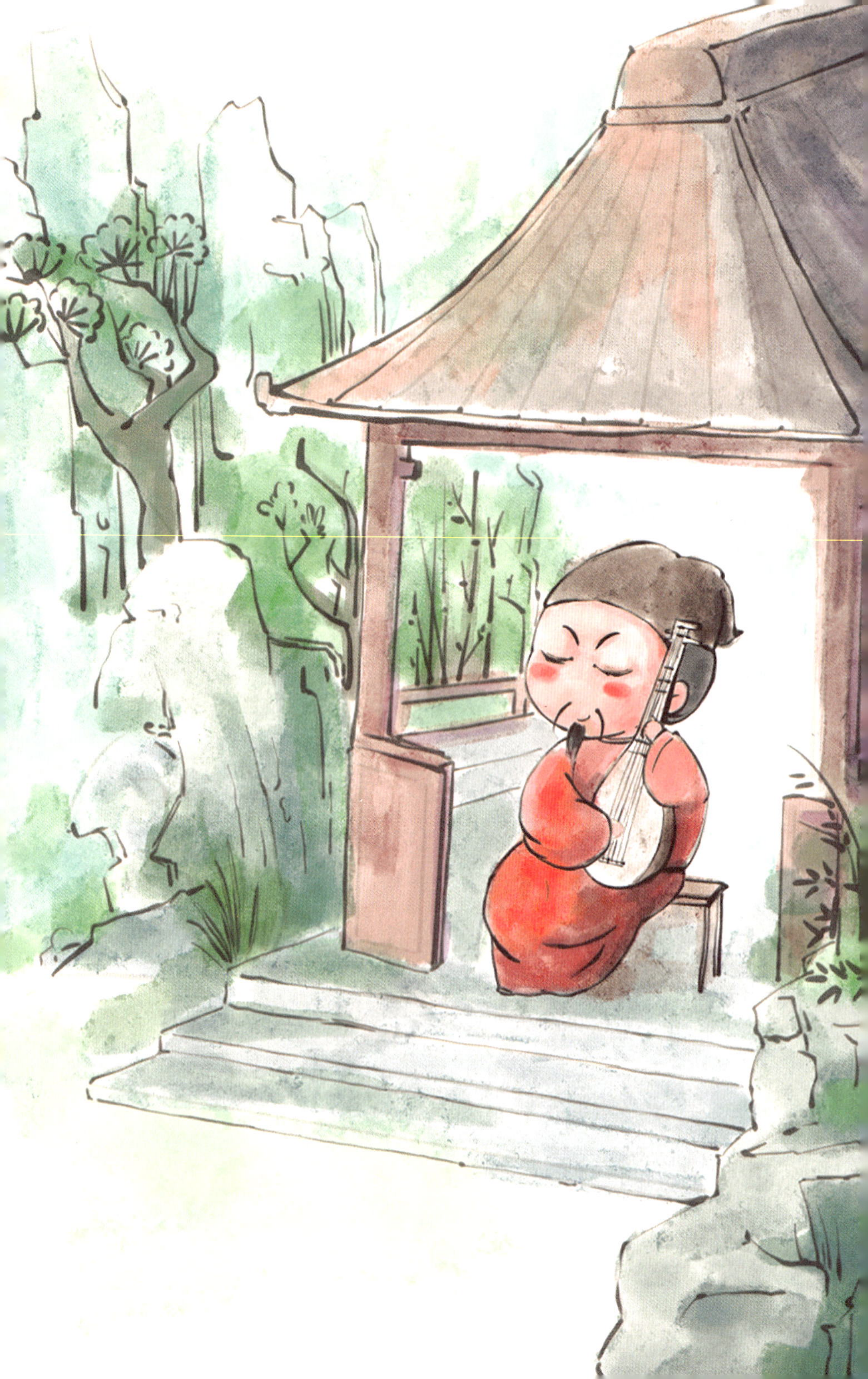

王维

等到风景都看透

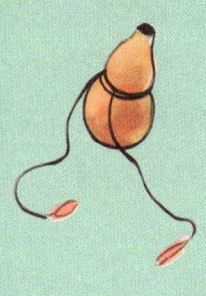

公元 770 年的春天，安史之乱结束已经七年。

这天，落魄漂泊的杜甫经过江南潭州（今湖南长沙）一家寻常酒肆，忽而听到熟悉的歌声传入耳朵。

"红豆生南国，春来发几枝。愿君多采撷，此物最相思。"

大惊之下，杜甫冲入酒肆，见到了垂垂老矣的"大唐乐圣"李龟年，他竟沦落到白发苍苍之年还要走穴卖唱的窘境。想当初，开元盛世，李龟年可是风头一时无两的顶级巨星，红到唐玄宗都是他的超级粉丝，常年千金重赏。那时候，哪个皇亲国戚家里聚会若是请得动李龟年，在场所有宾客都觉得倍儿有面，出门要跟人炫耀半年。

一场安史之乱，葬送了无数人魂牵梦萦的大唐盛世。

"李老，您还认得我吗？我是杜甫啊，当年在岐王宅里有幸见过您。"

"杜甫？有点印象……欸？你头发怎么掉光了？我都没认出来。当年还是个毛头小子吧，唉，怎么一眨眼，我们都已经这么老了呀!"

两人相顾无言,唯有泪流。

"对了杜甫,王维如今怎么样了?他还好吗?"

"王摩诘他……十年前就过世了。"

"唉——他们都走了,都走了。就我这个老不死活着受罪。"

那天的最后,李龟年喝了点儿酒,以早已沙哑的粗嗓音唱了一首王维写的《伊州歌》,怀念他们曾经的友情。

伊州歌

清风明月苦相思,
荡子从戎十载馀。
征人去日殷勤嘱,
归雁来时数附书。

唱完这首歌之后,李龟年晕厥倒地,不省人事,四天后短暂苏醒,在一声长叹后与世长辞。

杜甫写下《江南逢李龟年》,感慨这段令人唏嘘的重逢。

江南逢李龟年

岐王宅里寻常见,崔九堂前几度闻。
正是江南好风景,落花时节又逢君。

有些故事还没讲完那就算了吧,那些心情在岁月中已经难辨真假。如今这里荒草丛生没有了鲜花,好在曾经拥有你们的春秋和冬夏……

——歌曲《那些花儿》

让我们回溯时光,回到五十年前那个朝气蓬勃、蒸蒸日上的开元盛世,看看他们最美好的年华。

开元七年(719年)夏。广西容州,杨玉环刚出生;东北营州,安禄山和史思明还在放羊;长安那边,岐王李范又在他的大别墅里聚会,现场邀请了众多文人墨客、各行各业的艺术家,其中咖位最高的就是有"大唐乐圣"之誉的一流音乐家——李龟年。大家一见李龟年来了,全都像打了鸡血一样兴奋。

李龟年最擅长弹琴和打羯鼓,不仅对各种乐器、乐理、乐谱熟稔于心,而且唱功了得,能用秦腔演唱出粗犷豪迈的《秦王破阵乐》,声震云霄,绕梁三日,深受唐玄宗推崇和喜爱。

然而今天这场聚会,他遇到了对手。

他一如既往地唱完名曲《秦王破阵乐》并赢得满堂喝彩,却对自己今天的演出不太满意。也许是最近演出过多,有点疲惫,某个唱词出现了瑕疵,虽然在场的人都不曾察觉,可对于追求完美的他来说不能接受。李龟年正闷闷不乐,岐王李范上前热情地向他介绍一位白净的美少年,说这个孩子也精通乐理,想向他请教一二。

"又是哪家的贵公子吧?说什么精通乐理,其实都是附庸风雅。"李龟年心里嘀咕。这种客套的场面他经历得太多了,实在懒得应付。

"公子请问。"

"李先生适才所唱的《秦王破阵乐》,在第二节中段有个转音的处理很是特别,不同于一般秦腔,请问先生这是有意为之吗?"

李龟年傻眼了。这个极其细微的瑕疵,别说一般人,就连唐玄宗都未必听得出来他唱错了,可这个胡子都没长出来的少年郎竟然一语道破。好样的,果然有两把刷子。

"其实是调起高了,那地方就没吊上去,用了个技巧掩饰。公子耳朵好尖啊,后生可畏,哈哈哈哈哈。敢问公子怎么称呼?"

千金易得,知音难求,李龟年非常高兴。

"河东蒲州,王维。"

那是李龟年初遇王摩诘。此后，他们经常一起研讨乐理，合奏乐曲，成了高山流水。王维的名诗《红豆》，最初的名字叫《江上赠李龟年》，表达的不是男女爱恋，而是对难得知音的珍惜。李龟年投桃报李，经常将王维的诗词谱成曲，在各个场合歌唱，其中最流行的正是《红豆》。

王维出身名门，长得白净修长，秀美华贵，琴棋书画无一不精通。《旧唐书》中说王维"九岁知属辞，工草隶，闲音律"。小小年纪诸多才艺，其中最出色的是文辞、书法，以及音律，无一不是当世顶级水平。

如此秀外慧中的少年郎，要是生活在武则天时代，估计进士也不用考了，直接入选控鹤府[1]，赐上一身白羽衣常伴左右，可能就没二张兄弟[2]什么事了。

按照王维的性格，他原本可以当个安静的美男子，吟诗作对、游山玩水，然而九岁的时候父亲去世，身为长子的他不得不过早承担起了整个家族未来的责任，为了四个弟弟和一个妹妹将来有所保障，年方十五就独自前往长安发展，成了"京漂"。"京漂"的日子可不好过，年少的他经常思念远方的家人，那首著名的《九月九日忆山东兄弟》，就是写于十七岁那年的重阳节。

1　控鹤府：武则天为招纳男宠而设立的机构，后更名为奉震府。
2　二张兄弟：指晚唐时期入宫侍奉武则天的同父异母兄弟张易之、张昌宗，为当时掌管控鹤府的控鹤监，武则天执政晚期，张氏兄弟把控朝政，唐中宗复辟后被杀。

出身高贵，长相柔美，诗画双绝又擅长弹琵琶，王维很快就在长安的文艺圈走红，当时的王公贵族开宴会，他都是多方邀请的座上宾。岐王尤为喜爱这个美少年，还把他推荐给了自己的妹妹玉真公主。

玉真公主又称九公主，是唐玄宗最疼爱的亲妹妹，想要啥就有啥，就算想再开个控鹤府豢养一堆小鲜肉也不是难事，唯独被爱情伤透了心。

玉真公主曾经爱上一个仙风道骨的禁欲系道士张果，为了能够亲近他，不惜做了女道士。这个张果，就是八仙张果老的原型。唐玄宗也非常欣赏并且尊敬张果，认为这个人是可以修仙的高人，不光授予银青光禄大夫，赐号"通玄先生"，还想结为亲家。唐玄宗下旨把玉真公主赐婚给张果，本以为是美事一桩，没想到张果却坚决不接受，表示——老婆我是绝对不会娶滴，我还是倒骑我的小毛驴回山里修仙吧。

唐玄宗最终还是无奈地放他回山了，留下又羞愧又生气的玉真公主怒骂："你不稀罕我，有的是人稀罕！"自此之后，玉真公主就成了长安城最爱舞会的交际女王，而身上的道士服倒是一直没脱，仿佛在纪念她逝去的爱情。

玉真公主见到王维，顿时眼前一亮，他身上有一股熟悉且令人怀念的气质，那是类似修行者般禁欲的特有魅力。王维献上自弹自唱的原创歌曲《郁轮袍》，尚未开口，光是精湛的琵琶演奏就已经深深地抓住在场宾客的耳朵。"转轴拨弦三两声，未成曲调先有情。"一开口更是情感充沛，直击人心。"低眉信手续续弹，说尽心中无限事。"满座陶醉其中，如坠云雾，如饮醇醪，不觉自醉。曲终之时，王维起身鞠躬，收获如雷掌声，半晌不绝。两个字：惊艳！

随后王维又献上诗卷，公主读完大吃一惊："这些诗我早已熟得能背了，我还以为是哪位古代先贤的佳作，没想到，竟是你写的啊！"

玉真公主可是见过大世面的人，什么才子佳人、帝王将相没见过，今日也感慨，如此风姿卓绝、才华横溢的美少年，竟然是真实存在的吗？！于是乎态度大变，急忙回到卧室换了一身庄严郑重的儒家服饰出来，以最高规格的礼仪善待王维，以表对他的尊敬。

"这样风华绝代的才子不做状元，我玉真第一个不服。"

有了玉真公主这句话，王维悬着的心终于安定了。

那玉真公主说的话，不是圣旨，也近于圣旨，唐玄宗听妹妹说了此事，自然也就心领神会，顺个人情。果然殿试之上，王维终于"大魁天下"，成了钦点的状元郎，时年二十岁。

没过多久，他又结识了宁王。宁王李宪学曹操，好的不学，学好人妻，他看上一个卖饼郎的老婆，强行拆散人家夫妻，娶那位女子进门。尽管锦衣玉食，赏赐丰厚，可是女子成天以泪洗面，郁郁寡欢，于是宁王组织宴会，强行要求卖饼郎见前妻，得意扬扬地问他们："你们现在有什么感想？跟本王说说。"

看着一对原本恩爱的夫妻相视流泪，黯然神伤，宁王更兴奋了，赞叹这出戏非常好看，要求在场的诗人就此情此景写首诗作纪念。简直不要脸到了极点，净不干人事。

在场的文人都感到凄凉、悲哀乃至气愤。王维很是唏嘘，写下了一首充满悲悯之情的《息夫人》。

息夫人

莫以今时宠，能忘旧日恩。
看花满眼泪，不共楚王言。

这句"不共楚王言"就很有深意，哪个楚王？春秋时期的楚文王。那是个怎样的人？《楚史》有载："三分鸷，七分昏庸。"

估计宁王平时读书少，这个典故比较冷门，他也听不懂。

不过看着全场宾客悲愤不已的表情，宁王也开始意识到自己过分了。幸亏这浑蛋还有那么一点良心，看了王维的诗后沉默良久，最终还是当场让卖饼郎夫妻破镜重圆了，算是做了一回人。

这个宁王是唐睿宗的长子，唐玄宗的大哥，结合唐玄宗后面抢儿子老婆的事来看，这兄弟俩真是一个德行。

话说唐玄宗为了让妹妹高兴，钦点了王维为状元，但心里估计认为这个状元有点水分，于是乎不像对待一般进士那样，先安排为翰林学士或校书郎，寻思既然是靠音乐上位的，就让王维当了"中央音乐学院"的"副院长"——太乐丞。

这个职位倒也挺适合王维，专业对口，岗位轻松，工资不低，压力不高，还能经常接触皇亲国戚，是实打实的美差。然而可能有人眼红，导致王维的职业生涯出现了第一道坎儿。

王维任太乐丞不到半年，为了准备唐玄宗的贺寿，安排了一个大型舞蹈节目——五方狮子舞，没想到趁着导演不注意，一个小演员竟然偷偷穿上了黄色的狮子道具，在舞台上发狂乱跳，这可犯了大忌。黄色在古代是皇帝专用颜色，谁敢乱穿这个颜色，那就是对皇帝的大不敬。这不，立马有小人跟皇帝打小报告，说是在场有眼睛的人都看到了，莫不是王维指使的，小演员哪有那么大胆子呢？

唐玄宗原本就有些瞧不上王维，这下更是感到被冒犯，也不详细调查，就直接下旨让王维滚蛋，把他流放到了山东济州做粮仓保管员。

王维就像是被人从背后打了一闷棍，始终想不明白自己到底得罪了谁，会被如此陷害。其实身在官场哪需要真的得罪谁，嫉妒本身就会招来无端的恶意——谁叫你得到公主厚爱？

好在不久之后，唐玄宗泰山封禅，心情大好，大赦天下，让王维又回到了朝廷。此后随着王维的好友张九龄成为宰相，他也在官场步步高升，被拔擢为右拾遗，随后调任监察御史。

王维三十岁时，虽然官场得意，妻子却因难产而死，孩子也没保住，他的爱也随着妻子的离去而深藏。意识到人生无常的他，此后渐渐对升官发财表现得兴致缺缺，该上班上班，下班绝不操心工作，日常就是吃斋念佛、打坐抄经，再也没有动过续弦的念头，孤居三十年，终生未再娶。

人不仅长得帅、有才华，还专一深情，这样的老公古今都罕见。

朝廷那边，随着奸臣李林甫逐渐受到皇帝重用，成为宰相，他排挤、构陷张九龄，将他踢出权力中枢，王维也被放逐出塞，担任凉州河西节度幕判官。出塞期间，王维的心态很平和，不愤怒、不抱怨，反而饶有趣味地欣赏起了大漠风景，写下不少脍炙人口的边塞诗，比如《使至塞上》。

使至塞上

单车欲问边，属国过居延。
征蓬出汉塞，归雁入胡天。
大漠孤烟直，长河落日圆。
萧关逢候骑，都护在燕然。

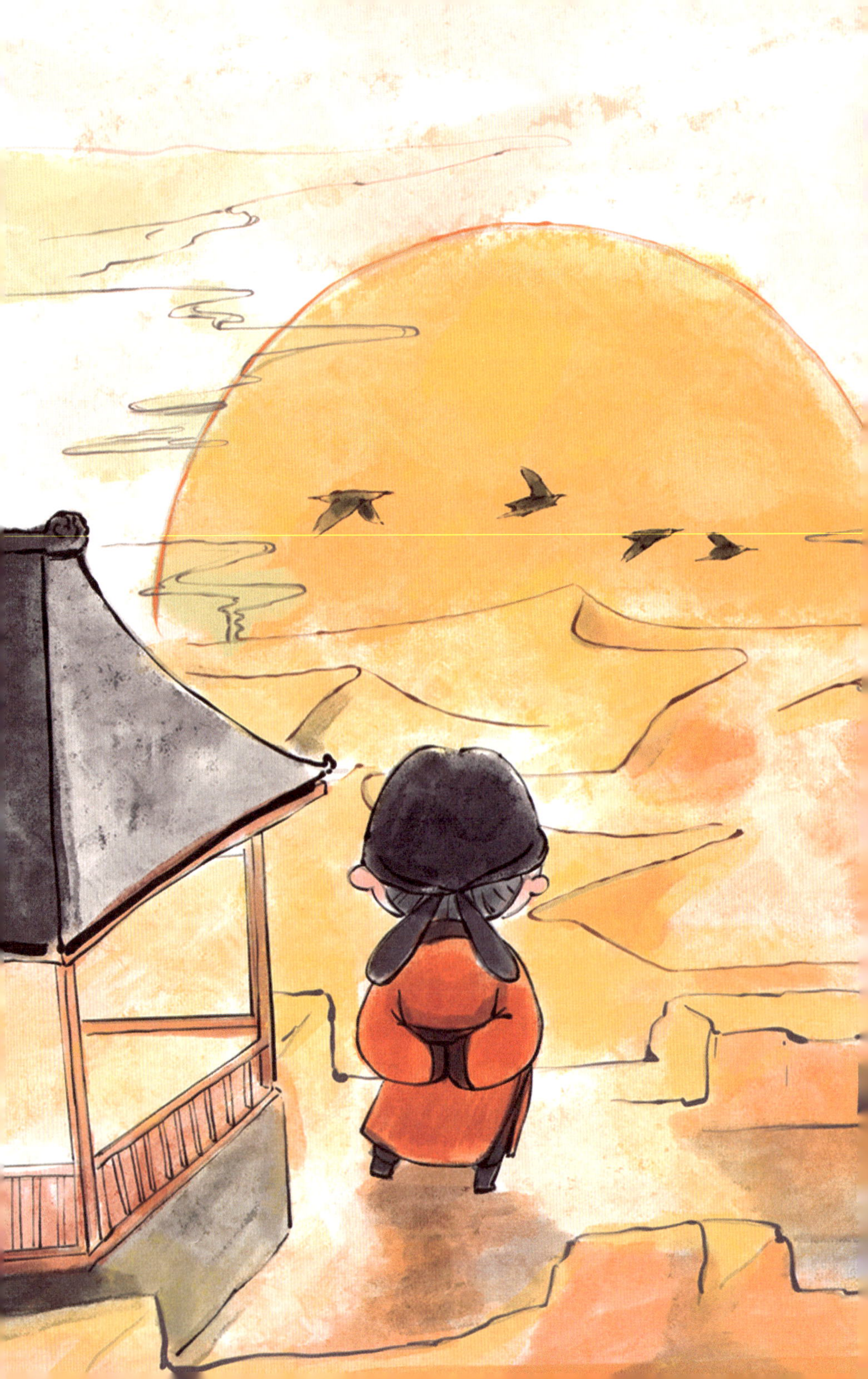

王维的诗就像不带主观感情的素描画，眼睛看到什么画面，就描写什么风景。所以苏轼评价王维"诗中有画，画中有诗"。

从塞外回来，王维对朝政日渐感到有心无力，潜心修佛，半隐半仕。他在长安城外的辋川山谷买下了宋之问的旧宅，搭建别墅园林，将老母亲接来一起学佛。王维的母亲崔氏不仅是个虔诚的佛教徒，而且擅长绘画，对王维的影响很大。据说王维母亲生他的时候，梦见佛教的在家菩萨维摩诘居士，所以给他取名王维，字摩诘。"维摩诘"在梵语中是清净无垢的意思，而王维长大以后确实有洁癖，专门聘了两个小童扫地，每天要扫十几遍，见不得地上有灰尘。

王维许多流传于后世的山水田园诗，都出自这个时期，例如《山居秋暝》《鹿柴》《竹里馆》等。

山居秋暝

空山新雨后，天气晚来秋。
明月松间照，清泉石上流。
竹喧归浣女，莲动下渔舟。
随意春芳歇，王孙自可留。

鹿柴

空山不见人，但闻人语响。
返景入深林，复照青苔上。

竹里馆

独坐幽篁里，弹琴复长啸。
深林人不知，明月来相照。

王维就这样参禅修佛，寄情山水，明哲保身，与世无争，算是舒舒服服地过了许多年安稳日子，同时结交了不少朋友。王维的朋友圈相当广，除了岐王、玉真公主这样的王公贵族，还有我们熟悉的诗人孟浩然、王昌龄、高适、岑参、杜甫等，以及知名日本遣唐使阿倍仲麻吕、大音乐家李龟年，乃至一众禅宗高僧。

有意思的是，他的朋友圈里，从未出现过李白的身影。

两个人有不少共同好友，按理说应该有很多机会见面，可从留世的文字上却看不出一丝交情，不由得让人好奇。

据说王维和李白可能是同年同月同日生，都出生在武后长安元年，即公元 701 年 2 月 28 日。一个是诗佛，一个是诗仙，生活在同一时代，有着共同的圈子，又跟同一个女子——玉真公主有过交集，却一生都未曾来往，说起来也是挺微妙的。其中到底有什么缘由，后人只有自行想象了。

王维人淡如菊，温润如玉，喜好修禅静坐；李白豪迈不羁，潇洒放浪，仗剑走遍天涯。这两人在大唐的开元盛世，就仿佛一静一动的两面，反映着那个开放包容的时代，及其百花齐放的盛况。

王维本以为自己会平静地度过此生，直到安史之乱这一"黑天鹅事件"[1]的爆发。

天宝十四载（755年）年底，安禄山起兵发动叛乱，到了次年六月，由于唐玄宗一系列昏聩的操作，叛军攻入长安，朝野震惊。而此时，唐玄宗早已悄悄带着一帮亲信开溜，逃往四川，身在山林的王维消息滞后，来不及逃走，深陷贼营。

这一年王维大约五十五岁，身体弱，跑不动，名气又太大，就轻而易举地被叛军俘虏了。安禄山想要利用王维的名气——盛唐时期的王维比李白和杜甫都要红，便派人将他拘禁在菩提寺，希望他能在自己手下当官，出面安抚长安城的官员和百姓，做个"弃暗投明"的榜样。

王维坚定地拒绝，素来有洁癖的他甚至故意吃泻药弄得自己一身屎尿，臭不可闻，谎称自己身患大病时日无多，就放过

---

[1] 黑天鹅事件：喻指难以预测的、不寻常的重大事件，与灰犀牛事件相对。

他吧！可安禄山何等狡猾，一眼就看穿了王维的把戏，用家人性命逼他就范，最终王维还是不得已做了伪官，在安禄山手下当了给事中。

两年后，唐军收复长安、洛阳，秋后算账，对其他伪官基本上都处以死刑，到了王维这里，因为他弟弟王缙平叛有功，舍身力保，再加上王维在安史之乱时期写过《凝碧池》这首诗，表达了对安禄山的愤怒与对唐王朝的思念之情，这才保住了性命。

人生的最后几年，王维反而官运亨通，在唐肃宗时期做到了尚书右丞——相当于现在的国家部级秘书长，世称"王右丞"。

不过此时的王维早已不在乎功名利禄了。

在人生的最后两年，一直以出世之心过着入世生活的王维，好像一下子想通了，他将自己的辋川别墅捐给朝廷改为寺院，将自己的田地粮食分发给穷困的百姓与灾民，剩下一个家徒四壁的孤独的自己。

唐肃宗上元二年（761年），王维写信向亲朋好友一一辞别，在无病无灾的情况下，在家安然离世。传说他是微笑着合上眼的，似乎来这红尘走一遭，终于悟到，生命的真谛不过是一场体验。

有时候有时候,我会相信一切有尽头,相聚离开都有时候,没有什么会永垂不朽。

　　——歌曲《红豆》

没有什么会永垂不朽,但你的诗会一直流传。
一代诗佛,再见。

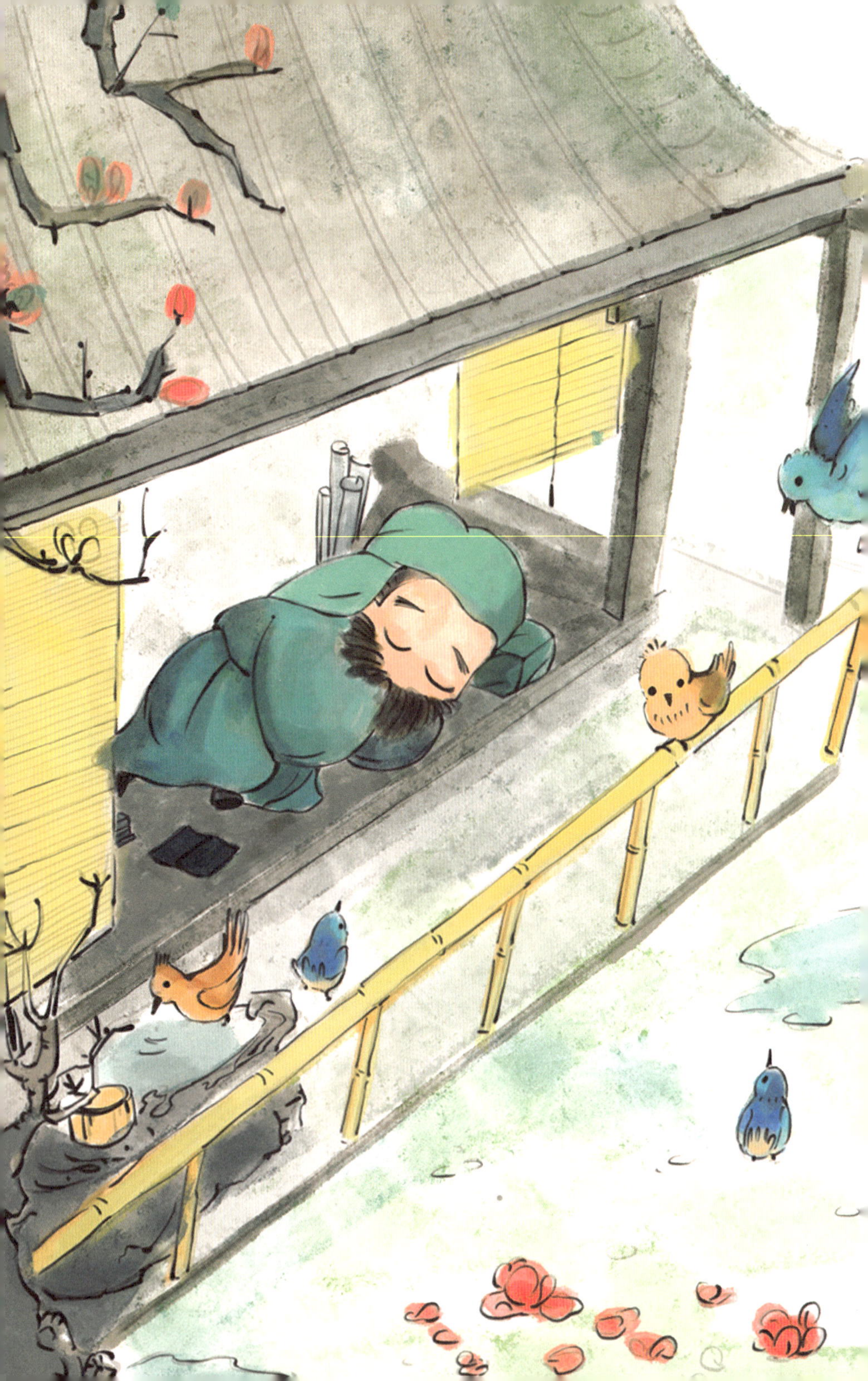

孟浩然

平凡之路

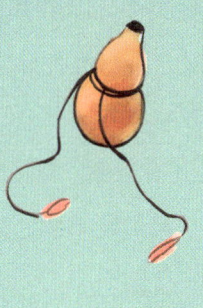

没人是完全自由的,即使是鸟儿,也有天空的约束。

——鲍勃·迪伦

开元二十八年(740年),王昌龄路过孟浩然的老家襄阳,顺理成章地上门拜访老大哥。老大哥孟浩然是出了名的慷慨豪爽,见有诗坛的好哥们儿来,高兴得病都好了大半。最好的饭店安排上,最好的襄阳老黄酒准备好,对王昌龄说,来都来了,今晚不醉不归。

结果喝完这一杯,还有三杯;喝完这三杯,还有三坛。

孟浩然爽朗地道:"昌龄老弟啊,其实吃什么、喝什么都无所谓,主要是跟谁在一起。"

王昌龄担心道:"大哥,我听说你刚病愈,是不是少喝点比较好呀?"

孟浩然拍拍胸脯:"小看你孟大哥不是?我一见到你就高兴,什么病都好了,有啥不能吃的?吃,都能吃。"

于是乎二人把酒言欢，喝了个酩酊大醉，醉到沉睡，睡醒再喝。第二天天黑，孟浩然又拉着王昌龄开怀畅饮。

就这么接连喝了大半个月，王昌龄实在顶不住了，说："大哥我还要回长安办事，就不多打扰了。"

孟浩然惋惜道："送君千里，终须一别。今晚咱们设饯别宴，吃点我特意托人带来的海鲜吧！海鲜配酒，天下我有！"

然而悲剧的是，这顿饭要了孟浩然的命。海鲜导致孟浩然背上刚痊愈的毒疮发作，爽朗爱笑的孟夫子骤然逝世，时年五十二岁。已回到长安的王昌龄得知此事，痛哭流涕，追悔莫及。

这就是孟浩然，永远的性情中人，活在当下，想干啥干啥，想说啥说啥，没事就睡懒觉，像个一直长不大的老小孩。他"曾经跨过山和大海，也穿过人山人海"，"也曾经失落失望失掉所有方向"，最终明白做自己"才是唯一的答案"。

孟浩然家中薄有恒产，即便不工作，在家里收收房租和地租，都够他每天过得自由自在的。相比李白、杜甫、王维等人的晚年经历，孟浩然这一生算是幸运的，他死在大唐最繁荣安稳的时代，没有经历后来的安史之乱，也不像杜甫始终要为钱而忧愁，可以说是老天爷厚待的老小孩啊！

如果用两个字来形容孟浩然的性格和人生，那就是"自由"。

"生命诚可贵，爱情价更高，若为自由故，二者皆可抛。"

二十岁出头的孟浩然和好友张子容一起隐居在鹿门山，过着看书、学剑、写诗，睡觉睡到自然醒的潇洒日子。那首尽人皆知的《春晓》，正写于这个时期。

春晓

春眠不觉晓，处处闻啼鸟。
夜来风雨声，花落知多少。

春天清晨天方亮，鸟儿喳喳叫。孟浩然酣睡了一宿，梦中依稀听到风雨声，早上睁开眼才发现窗外的花落了一地，看来昨晚风雨挺大。孟浩然睡眼惺忪地揉揉屁股，自言自语："反正也没什么事等着我去做，不如睡个回笼觉。"说完盖上被子，又呼呼大睡起来。

孟浩然的老爹坚持认为自己是孟子后人，身上肩负着承袭圣人儒学的责任，从小教授小孟浩然四书五经、诗书礼乐，给儿子取名"浩然"，就是取自孟子所崇尚的浩然之气。什么叫浩然之气？就是坦坦荡荡活在天地之间，行为处事不违背本心的正气。孟浩然的人生正应了这个名字，他为人纯粹、耿直，喜欢就是喜欢，不喜欢就是不喜欢，从来都学不会圆滑和城府，始终直来直去，保持一颗赤子之心。

孟浩然虽然很聪明，读书一点就通，可他并不喜欢应试教材，反而更喜欢看一些不知从哪儿搞来的有画的小册子，甚至对《黄帝内经》都比对《论语》更感兴趣，气得他老爹见一次撕一次。越长大，他就越难管教，儒家教育没让他变得孝顺听话，反而更加叛逆自我。他爹感慨，儿子明明很有才华，却只知道睡懒觉，不去念正经书考科举，孟家的祖坟什么时候才能冒青烟啊？可无论老爹怎么讲，孟浩然只是躺在床上撇撇嘴，敷衍地说："啊对对对，您说的都对。"然后依然如故。

后来实在吵得孟浩然心烦气躁，干脆离家出走。搬到鹿门山过起了理想生活——在山里钓钓鱼，泛舟游玩，看看山看看水，做个无拘无束的无业游民。

北涧泛舟

北涧流恒满，浮舟触处通。
沿洄自有趣，何必五湖中。

万山潭作（节选）

垂钓坐磐石，水清心亦闲。
鱼行潭树下，猿挂岛藤间。

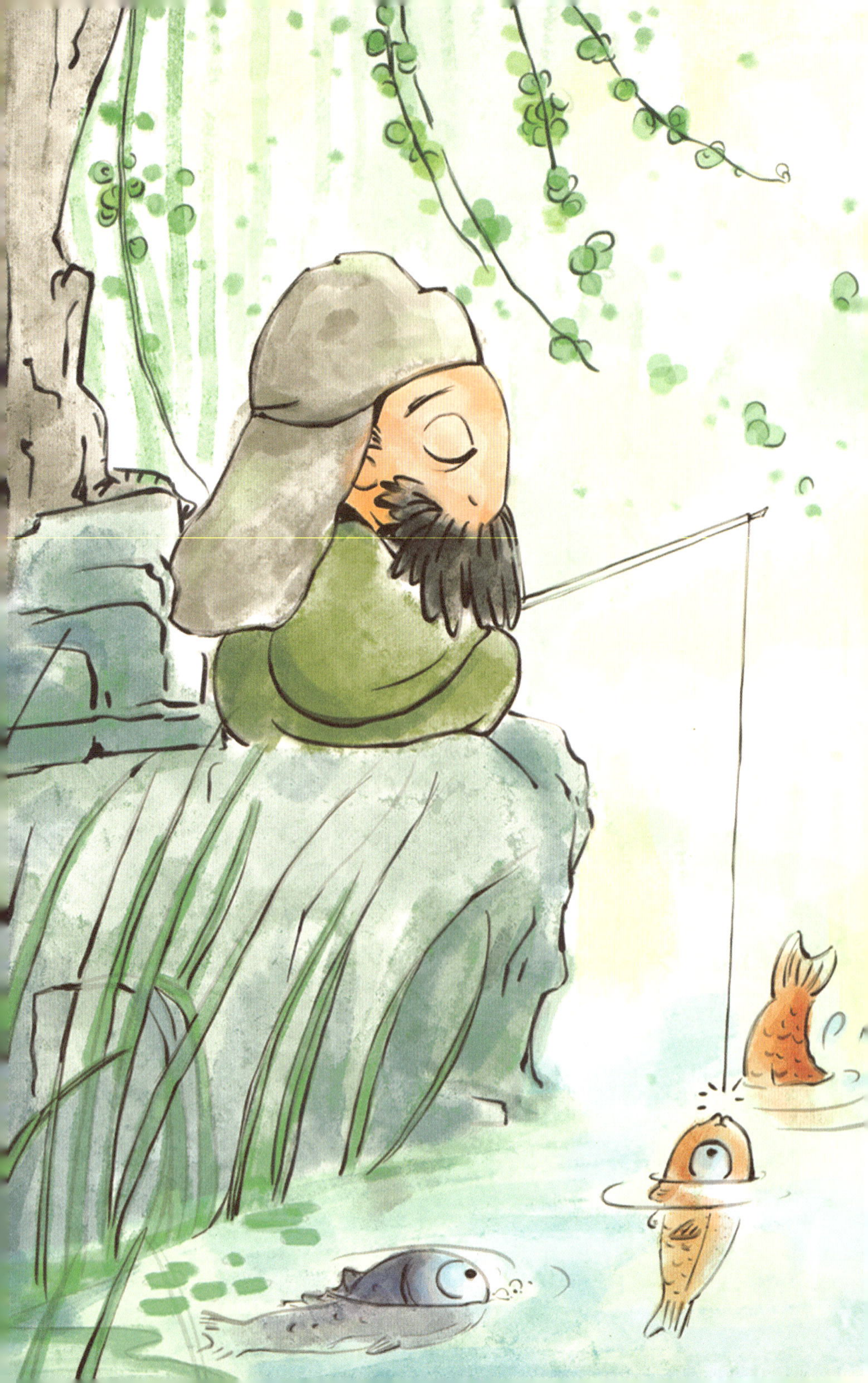

在山里的日子，孟浩然还邂逅了爱情。他遇见一位落魄的歌女韩襄客，并对其一见钟情，写诗表白。要知道孟浩然魁梧潇洒，人又豪爽大方，加之才华横溢，很快就俘获了韩襄客的芳心。两人情投意合，视对方为知己，一个写词一个作曲，在山中过着神仙眷侣般的日子。然而，孟浩然他爹听说之后，坚决不同意他们交往，说："你这臭小子是要气死我，你爹我在襄阳也算是有头有脸的人，你不找个门当户对的老婆，非要找这种名声不好听的，说出去我的老脸往哪儿搁？赶紧分手！"

孟浩然当然不会听他爹的，写了一封信给他爹：

爹，不管你同意不同意，我们已经结婚了。我爱她，超过一切世俗礼教的禁锢。你不是从小就让我活得坦荡吗？我认为的坦荡就是，对得起自己的良心，和心爱的人在一起。我们坦坦荡荡。

保重身体，有缘再见。

他爹看完信，气得咬牙切齿，表示父子两人从此恩断义绝，到死都不原谅孟浩然，也不想再见到他。没想到不久之后，他爹越想越气，真的气出病来，离开了人世。

父子俩都是犟脾气，到死都没有和解，好好告别。

孟浩然得知噩耗之后，陷入了深深的自责和痛苦之中，他本以为随着时间的流逝，父亲会慢慢理解他，最终接受他们的爱情，可没想到父亲的气性这么大。此时后悔也来不及了。

他这才意识到，一个人若是活得太自由，必然伤害到爱他的人。

父亲过世后，孟浩然躺在被窝里日渐无眠，有一天忽然意识到——我不能再这么下去了，被窝可是青春的坟墓啊！我要趁着年轻多去外面走走，看看外面的世界有多精彩。我要完成父亲的夙愿。

虽然父子俩彼此性格不对付，一见面就吵架，可孟浩然内心深处还是爱他的。出于对父亲的愧疚，他离开了鹿门山，为了实现父亲生前的期望而四处游走。孟浩然给自己立了一个目标：完成父亲对自己最大的期望——出仕当官。

之后的十几年，孟浩然一直沿着长江流域遨游，一路拜访名流。他跟李白一样，不想考科举，希望得到贵人的赏识举荐，完成父亲让他出仕的梦想。然而钱和精力花了不少，却没有什么效果。这让他很受挫，又隐居了一段时间，诗中满是失落。

收获也不是没有，漫游期间倒是认识了不少志趣相投的好友，比如李白、王昌龄、王维等大诗人。

李白一辈子狂放不羁，眼界奇高，唯独拜服两人：一个是南朝的谢灵运，另一个就是孟浩然。他爱孟浩然，天下皆知。

那一年，李白与孟浩然第一次相见。李白二十六岁，初出茅庐，诗名尚小，孟浩然年近不惑，已经因清新旷达的山水田园诗名满天下。李白仰慕孟浩然已久，还写诗告白："吾爱孟夫子，风流天下闻。"

两人一见如故，相逢恨晚，对酒当歌，喝完一局还想喝，聊到天黑还想聊。于是为了尽兴，两人相约来到江夏（今武汉武昌），结伴游历月余。但天下没有不散的筵席，孟浩然要去广陵，于是二人在黄鹤楼相别。

孟浩然要走，李白也不能留。尽管内心希望他留下来一起度过春夏秋冬，但就这样吧，在此告别吧，黄鹤楼上喝一杯，有缘江湖再见。

你要去扬州，扬州好地方，烟花三月正是人间天堂。

望着你远去，我独斟独饮，一直望到看不见你的身影。

于是留下了脍炙人口的《黄鹤楼送孟浩然之广陵》。

黄鹤楼送孟浩然之广陵

故人西辞黄鹤楼，烟花三月下扬州。
孤帆远影碧空尽，唯见长江天际流。

其实，中年的孟浩然要人脉有人脉、要名气有名气，若是能圆滑世故一些，当个小官并不是难事。然而说到底，他潜意识里可能根本不愿意当官，也清楚自己的性格不适合走仕途，只是为了完成父亲的遗愿才努力争取，可到底拗不过自己的本心。

曾经有位叫韩朝宗的前辈官员主动想举荐孟浩然，日子、地点都约好了，结果孟浩然和别人喝酒喝高了，放了韩朝宗鸽子，没去。别人提醒后他还很牛气地表示：韩什么宗？韩朝什么？什么朝宗？不认识！爱谁谁。

可把韩朝宗气得够呛，从此不愿再多管闲事。要知道韩朝宗可是李白求也求不来的贵人，他在皇帝面前说话相当好使，推荐的好多人都受到了唐玄宗的重用，个个平步青云。机会都送到了孟浩然面前，他没有珍惜。所以，也不用惋惜他时不我与，都是性格决定命运。也许他都没有意识到，自己内心深处所热爱的自由，本身就和当官相冲突。一直以来他只是给自己一个目标，以此安慰自己没有忘记父亲的期待。

唐朝有个风气，写诗写得好的、隐居隐得有名气的，都能得到朝廷官员的举荐。孟浩然两者都尝试了，可都没什么结果。无奈之下，孟浩然妥协了，以近四十岁的年纪，第一次前往长安参加科举。他前后考了两次，都落第了。

抱着最后一搏的心态，孟浩然将心中的志向写成了《望洞庭湖赠张丞相》，托人转交给了当时的宰相张九龄。

张九龄这边还没动静，孟浩然竟然先遇到了皇帝。

某天孟浩然在王维家中做客，恰好唐玄宗心血来潮找王维闲聊，王维有意举荐孟浩然，就跟唐玄宗介绍说诗人孟浩然也在，于是孟浩然便出来见皇帝。

也不知道孟浩然是吓到了还是那天喝多了，当皇帝问他最近有写什么诗时，他竟拿出了这么一首：

岁暮归南山

北阙休上书，南山归敝庐。
不才明主弃，多病故人疏。
白发催年老，青阳逼岁除。
永怀愁不寐，松月夜窗虚。

唐玄宗听得莫名其妙，反问道："朕之前见过你吗？朕认识你是谁吗？怎么就'不才明主弃'了？我都没用过你，何来抛弃之说？你是不是戏太多了，嗯？"

孟浩然吓得冷汗浃背，半天说不出话来。所以说，人不能活得太拧巴，他始终没有跟自己和解；到底是不是真的想当官，他连自己都没有完全说服。

皇帝出现在眼前，明显给你一个自荐的机会，你想当官你就说，不想当官就沉默。结果来这么一出，王维也只能摇头叹息，表示"大哥我只能帮你到这儿了"。

据说张九龄本来收到孟浩然的诗很是欣赏，打算举荐来着，听闻有这么一件事，也不敢触皇帝逆鳞了。孟浩然的仕途，也在这次偶然碰到皇帝的事件中彻底断送。

其实断了念头也好，从此以后孟浩然彻底放弃当官，反而乐得清闲自在。

之后，孟浩然就离开了长安，遨游江湖，一路游经襄阳、洛阳，来到吴越之地，到处走走看看，感受各地风土人情，吃吃喝喝，自由自在。

到了知天命的年纪，他终于彻底认清了自己，了解了自己。要不说人这一生最难了解的，其实是自己呢！兜兜转转大半辈子，才明白自己的初心无非就是自由地活着。

孟浩然这一生，说是隐士又非隐士，假作真时真亦假，虚虚实实分不清。他时而任性，时而真诚，既活得像个老小孩，又江湖气浓郁，半生追求功名，最终找回了自己的本心。

> 我曾经跨过山和大海，也穿过人山人海，我曾经拥有着的一切，转眼都飘散如烟。我曾经失落失望，失掉所有方向，直到看见平凡，才是唯一的答案。
>
> ——歌曲《平凡之路》

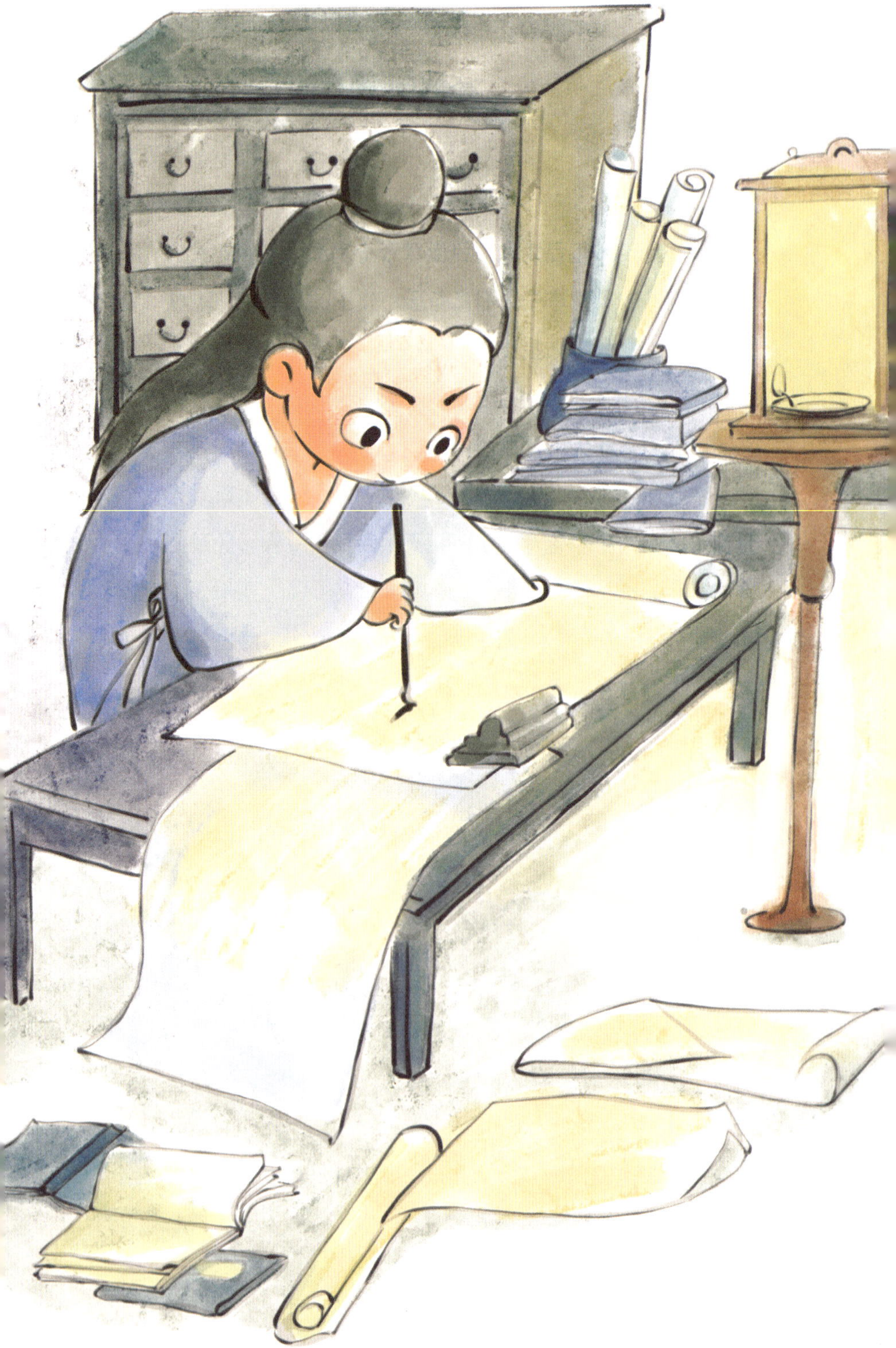

白居易

人得自个儿成全自个儿

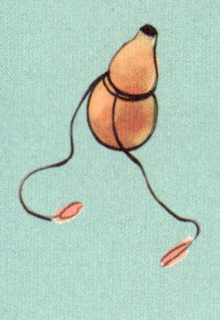

白居易的青少年时代，一直活在贫穷的焦虑之中。

那是真的穷得没有米下锅，每天饿得睡不着觉，想着明天怎么办。父亲远在外地无法照顾，母亲又有精神疾病，状态不稳定。少年白居易面对一帮嗷嗷待哺的弟弟妹妹，在家中是又当爹又当妈，早早就累出了少白头。

不知出于什么原因，白居易的母亲患上了精神疾病，时时疾病发作——拿着菜刀要砍人，对所有人都充满了攻击性。这也让白居易总是精神紧张，年少早熟。白居易时常感到人生道路茫茫，前途不明，光是为了让一家人活着，就已经拼尽全力。此时的白居易没有什么远大的理想，就是希望可以写诗当官，改变家里的生计。为此，天资过人的他比任何人都刻苦勤奋。

在写给至交元稹的书信中，白居易提到了自己二十出头时苦学不息的岁月。

与元九书（节选）

昼课赋，夜课书，间又课诗，不遑寝息矣。以至于口舌成疮，手肘成胝。既壮而肤革不丰盈，未老而齿发早衰白；瞥瞥然如飞蝇垂珠在眸子中者，动以万数，盖以苦学力文之所致……

那时候他昼夜读书写诗，废寝忘食，根本没有时间休息，甚至读得口舌生疮，手和肘都磨出茧子。身体消瘦，形容憔悴，头发变白；牙齿掉落，看东西像是有无数飞蝇在眼前……

所以若是有人称呼白居易是"天才"，他肯定不高兴。哪有什么天才？他不过是把别人吃喝玩乐的时间，都用在了苦学上。

由于家里贫穷，有一大家子人要照顾，白居易始终没法放心去参加科举。所以，尽管他十六岁就写出《赋得古原草送别》这样的千古名诗，惊艳了当时的诗坛大拿顾况，可第一次应进士试的时候，也已经二十七岁了。

白居易来到长安后，感慨京城不愧是京城，物价高、房租贵，肩负养家压力的他根本无心游赏长安，只是更加积极地备考，希望可以一举入榜。

好在功夫不负有心人，有志者事竟成。白居易的考试运不错，一次就过。

据说那一年的入榜比例格外低，大概每一百人才入选一个进士，而更让白居易骄傲的是，他是那一年的十七位进士中年纪最小的。他太高兴了，忍不住在慈恩寺的大雁塔下题诗：

慈恩塔下题名处，十七人中最少年。

多年的艰辛总算有了回报。不过，中了进士不代表马上能当官，还要通过吏部的选官考试，只有考试合格，才能授予官职。两年后，唐德宗贞元十六年（800年），二十九岁的白居易再次来到长安，参加吏部的选官考试，又是一次考过。

白居易兴奋了没多久，就发现还要等候三年才有当官的机会，无奈地长叹一口气，又离开长安回去照顾母亲了。

三年后，三十二岁的白居易终于有了第一份吃皇粮的工作——秘书省校书郎。校书郎类似于现在的国家出版局的高级审核员，专门对国家图书馆的书籍进行校对、修订，工作还算清闲，然而工资并不高。这让满心以为考上公务员就能有钱养家买房的白居易很是失望，还写进诗里抱怨。

更重要的原因是，如果自己一直待在长安，就没法照顾母亲。离开母亲久了，他总会担忧，怕她犯病，怕她出事，又怕她清醒的时候想念儿子而自己却不在身旁。

于是白居易开始想办法，让自己能够去洛阳当官。一番打听之后听说通过才识兼茂明于体用科[1]的考试，一般就会直接授官在洛阳附近当个县尉之类的，顿时大为心动，潜心准备考试。

唐宪宗元和元年（806年），三十五岁的白居易辞了校书郎的工作，再次参加官员选拔考试——才识兼茂明于体用科，又是一次性顺利通过，真乃考神！同科及第的还有他的挚友元稹，其排名第一。让人叹服的是，白居易在准备公务员考试期间，竟然还整理出了一套考试策略红宝书《策论》，他轻松考过之后，《策论》声名大噪，在考生们之间被细细研究，人手一本。这事还传到了新登基的皇帝耳朵里，于是他对白居易有了深刻印象。时年二十八岁的唐宪宗李纯，年轻有抱负，他励精图治，渴望改变现状，实现唐室中兴，故而希望培养一批忠于自己的年轻官员以辅佐自己。

他看中了白居易。

这次安排给白居易的官职，是周至县县尉，正合白居易心意。县尉这种小官，杜甫和王昌龄看不上，白居易却没有拒绝的底气。相反，他觉得挺好，方便照顾母亲。恰如他的名字——"君子居易以俟命"（《礼记·中庸》）。

奋发图强而又乐天知命的白居易，知道自己没有背景，也

---

1 才识兼茂明于体用科：唐代科举制科之一，属于吏治类科目。

没有任性的资本，只有扎扎实实做好本职工作，一步一个脚印前进。仅这一点就比太多恃才自傲、清高孤僻的才子要接地气、真实。

在当县尉期间，白居易写出了名流千古的《长恨歌》，就连长安的老弱妇孺都在传诵，他一跃成为诗坛巨星。唐宪宗刚登基比较忙，看到《长恨歌》又想起了白居易，于是立刻将他调入朝中，让白居易从一个郊区县尉一跃成为翰林学士，专门负责为皇帝起草诏书，担任机要秘书，可见其赏识重用。

对于皇帝的赏识，白居易激动感恩，报以十二分的工作热情，做事有条不紊，兢兢业业，皇帝看在眼里很是满意。第二年，皇帝升白居易为左拾遗，让他时常陪伴在皇帝左右，谈论国事政策，显得愈加器重。又过了两年，白居易再次升官为京兆府户部参军，可谓"春风得意马蹄疾"。

做了户部参军后，俸禄也涨了不少，白居易终于告别了为生计发愁的艰苦岁月。不过他还是买不起长安的房。白居易在长安十七年左右，前后搬家五次，直到五十岁做了忠州刺史，才终于凑够钱在长安买了房；可见首都的房价从古至今都是那么吓人。

生活得到了改善，又受到皇帝的赏识，此时的白居易浑身充满干劲，真心想为国家、为皇帝贡献一份力量，铆足了力气针砭时弊，直言进谏，把中晚唐两大政治势力——宦官集团和地方藩镇都得罪了个遍，铁了心要忠君爱国，为民请命。

他反映民生艰苦、朝廷弊病的讽喻诗，基本都出自这个阶段。

此时的白居易满腔热情，对苍生怀抱悲悯之心，想尽自己的一份绵薄之力发光发热，试图直谏皇帝，让唐王朝恢复往日的荣耀。比如高中必背的《卖炭翁》，指责朝廷宫市鱼肉百姓；比如《观刈麦》，哀叹民生艰难，贫富悬殊；比如《阴山道》，讽刺贪官污吏横行霸道。难道白居易不知道这样做会让自己成为众矢之的，孤立无援吗？他一清二楚，只是明知山有虎偏向虎山行。他要回报唐宪宗的知遇之恩，以一片赤子之心指出种种弊端，希望可以得到皇帝的重视，拔除这个国家隐藏的病根。

此时的白居易完全做到了《孟子》说的"穷则独善其身，达则兼济天下"。然而，他以为真心可以换来真心，却只换来了疏远与冷漠。

由于白居易过于热爱工作，动不动就进谏，口无遮拦，唐宪宗逐渐开始烦他了——白居易每次发言都是说这里不对、那里不好，合着就是说自己执政很无能呗？唐宪宗对身边人表示——白居易这个人不识好歹，朕好心提拔，他却总是在群臣面前给朕难堪，朕堂堂一个皇帝不要面子的吗？

"陛下，您今天说错了三次话，用错了两个典故，我都给您记下来啦！"

"白居易,你能不能闭嘴啊!"

> 白居易尝因论事,言"陛下错",上色庄而罢,密召承旨李绛,谓:"白居易小臣不逊,须令出院。"
>
> ——《资治通鉴·唐纪》

他想当一只萤火虫,以自身微光照亮日渐腐朽黑暗的王朝,可是在一个人人都已习惯了的阴暗环境里,这只萤火虫虽然小,却很刺眼,招人讨厌,叨扰了活在梦里的人。

元和六年(811年),白居易的母亲坠井身亡,这件事引发了朝野议论,许多平时对白居易有私怨的人借机诬陷,说正常人怎么可能坠井身亡?白居易的嫌疑很大。

这事要扯到白居易的初恋——一个叫湘灵的女子。湘灵比白居易小四岁,是白居易的邻家女孩。二人从小青梅竹马,情投意合,相恋多年。然而,一方面是白居易年轻时穷困,一心考取功名,不敢结婚;另一方面是白母非常不喜欢湘灵,以死相逼,坚决不让白居易娶她为妻。白居易写了不少情诗给湘灵,却迟迟给不了其一个名分,这让湘灵的家里人接受不了,最终让湘灵远嫁他方,远离是非。

为了这段初恋,白居易一直到三十七岁都没结婚,估计也为此对人埋怨过母亲,不过他生性孝顺,怎么可能做出弑母的事？面对他人的诬陷，白居易心力交瘁，他怎么忍心告诉世人母亲有精神病，常常失心疯发作，行为难测？好在有邻居出面做证，说明白居易母亲确实有疯病，这才让一场风波平息。

可这件事还是埋下了祸根。

白居易在家丁忧三年后，一回到朝廷就听到了宰相武元衡被刺杀这一令人震惊的消息。

元和十年（815年）六月初，武元衡在清早上朝路上遭人刺杀，刺客割走其头颅扬长而去。同一时间，武元衡的得力助手御史中丞裴度也惨遭暗杀，身受重伤。

这一事件震惊朝野，让朝中那些胆小怕事的官员更是不敢得罪藩镇军阀势力。

武元衡是位铁血宰相，和白居易一样，都是唐宪宗一手提拔重用的能臣，食君之禄为君分忧，知道皇帝最担忧的是藩镇问题，故对于削藩一事态度强硬、手段坚决，这才引发了刺杀案。

其实朝野上下都心知肚明，刺杀武元衡的幕后主使是嚣张跋扈的平卢节度使李师道，可是他们都怕了，甚至不敢提李师道的名字。

热血的白居易站了出来，和朝中的主和派据理力争。主和派从各个角度攻击白居易，有的说他逾越职责，越俎代庖；有的说他激化形势，用心不良；更有阴毒的小人特意找出白居易丁忧守丧期间写的一两篇诗文，指出他母亲死于赏花坠井，白居易却写了两首叫《看花》和《新井》的诗，何其不孝！

不孝的大帽子扣下来，群情激愤，纷纷发言，要求皇帝将这样品行低劣之人赶出朝廷，以儆效尤。早已对白居易心有不满的唐宪宗就这么冷冷地看着众人发言，不置可否，语气平淡地下令将白居易贬为江州司马。

站在朝堂之上的白居易，此刻无比孤独。

看着朝堂之上这帮跳梁小丑纷纷掉转枪口指责自己，以及自己一心维护的皇帝不管不顾的冷漠态度，白居易忽然懂了，他不禁笑自己真傻，螳臂当车，不自量力。

原来一直以来心目中的明君，也只是一厢情愿的想象而已。

他这样一个聪明人，怎么会不知道明哲保身的道理？之所以仗义执言，乃是为了回报皇帝的知遇之恩，可现在落得什么下场？在一个人人皆假的环境里，我越真诚，反而越格格不入；我一心为公，反而落了个里外不是人？

世事如此讽刺。四十多年来，他一直那么努力地想做个好儿子，做个好官，做个好男人，可是母亲逼他放弃心爱之人，皇帝对他弃若敝屣，心爱的女子又远走他乡。

这一刻，他心中某个坚硬的东西，出现了裂痕。

踌躇满志的岁月过去了，如今只剩心灰意冷。

在此后被贬谪江州的日子里，白居易渐渐变了。他开始明白，以他一人之力，根本无法对抗整个朝野上下的弊端，倒

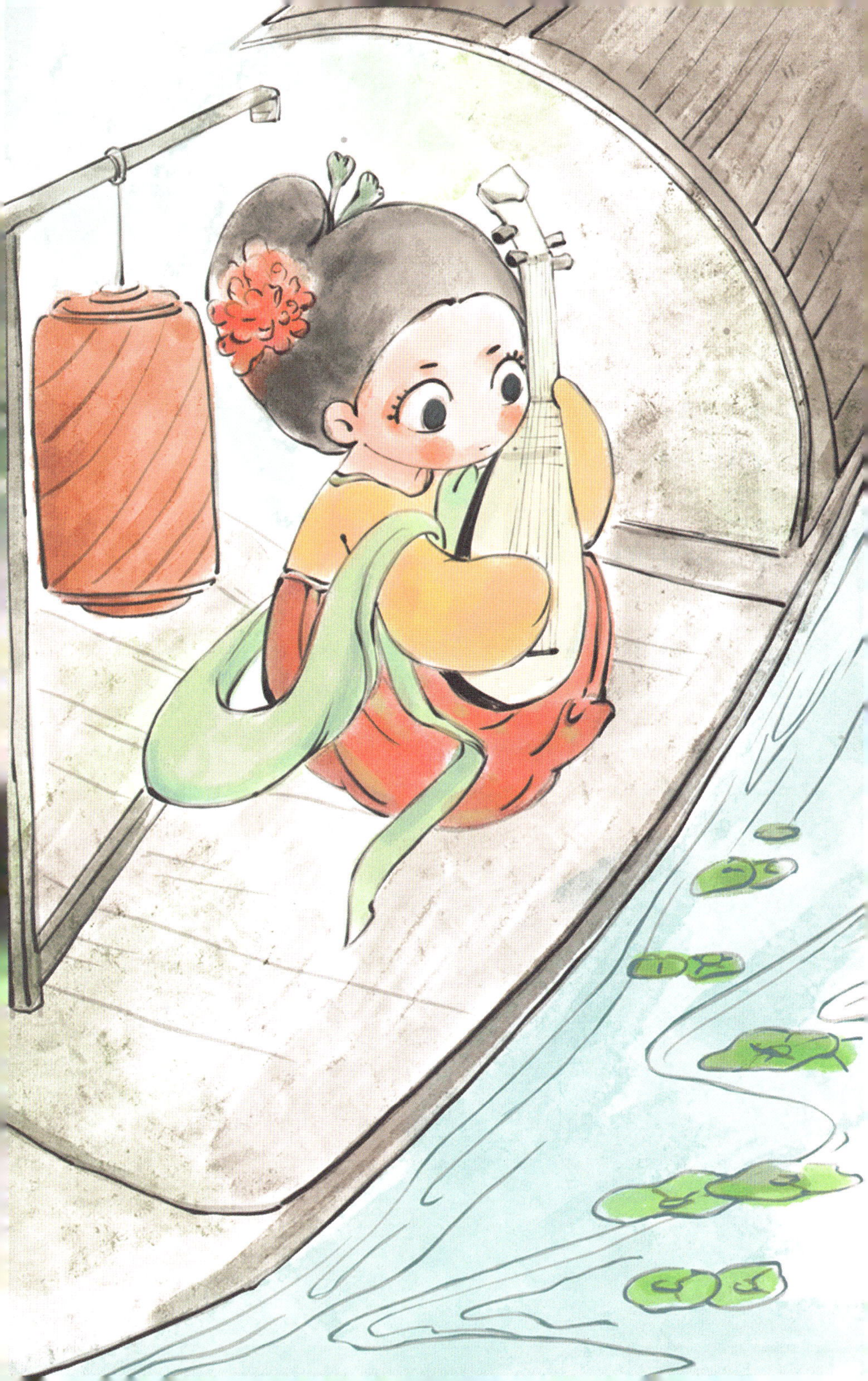

不如学那王维，寄情山水之间，亲近佛道参禅，"何似泥中曳尾龟"。

九年十一月二十一日感事而作

祸福茫茫不可期，大都早退似先知。
当君白首同归日，是我青山独往时。
顾索素琴应不暇，忆牵黄犬定难追。
麒麟作脯龙为醢，何似泥中曳尾龟。

在江州的日子，白居易偶遇琵琶女，有感而发，写下《琵琶行》。

"座中泣下谁最多？江州司马青衫湿。"

一直乐天知命的白居易，深埋心中多年的哀伤如紧绷已久的弦，终于断了，化为不绝的眼泪沾湿青衫。心中那个珍贵的东西，曾经纯粹的赤子之心，从此再无热血。

从此以后，热血青年白居易不见了，取而代之的是一个独善其身的老油条。他开始变得圆滑，注重享受，沉迷酒色财气，诗歌的主题也逐渐变成游山玩水、狎妓饮酒。他不再积极寻求改变时代的机会，而选择与这个世界同流合污。讽刺的是，"堕落"之后的白居易，反而官运亨通。

当年那些攻击白居易的人,看到白居易日渐变成了他们的同类,反而对他不再排挤抵触。

元和十五年(820年),一度实现"元和中兴"的唐宪宗早已变得昏庸,一心追求长生不死,乱吃丹药导致暴毙,享年四十三岁。

白居易阴阳怪气地写了一首诗,讽刺这些追求长生折腾自己,反而死得早的人。

思旧(节选)

> 退之服硫磺,一病讫不痊。
> 微之炼秋石,未老身溘然。
> 或疾或暴夭,悉不过中年。
> 唯予不服食,老命反迟延。

虽然诗里面说的是韩愈(字退之)、元稹(字微之),但也不难看出对唐宪宗的死的含沙射影。

心之易变,如风吹芦苇。

想当初白居易对唐宪宗满心忠诚的感恩,上书表达肝脑涂地以身相报的决心,何等的真心与赤诚,如今只剩若有似无的幸灾乐祸。

唐宪宗一死，白居易的日子反而更好过了。

新皇帝登基之后，立刻将白居易召回长安，升为朝散大夫，官居五品。此后白居易步步高升，政绩颇佳，官运亨通，直至杭州刺史、苏州刺史，最终做到刑部尚书退休，官居二品。

五十岁以后的白居易，购豪宅，造别墅，锦衣玉食，妻妾成群，诗作的主题也变成了饮酒享乐，风流韵事。他一方面学佛参禅，拜访寺院；另一方面夜夜笙歌，沉迷酒色，家伎三年一换。

苏轼说白居易俗，指的主要也是这个时期的他。

白居易的俗也无可指摘。他上无愧于社稷百姓，下不薄于家人朋友，晚年有钱了享享福，也不是什么大问题。

每个人都有自身的时代局限性，白居易自然也无法免俗。他曾经有过赤子之心，心怀家国天下，想要为民请命，可是现实给他狠狠地上了一课，让他知道自己的渺小无力，除了惹一身麻烦，并不会改变什么，于是聪明地选择了精致的利己主义和享乐主义，此后一帆风顺过得潇洒，这是聪明的处世哲学，旁人无法苛责。

他虽然有了能力，这从他历任官职的政绩可以看出，但没有了方向。家人已经无须照顾，挚爱早已不知去向，天下苍生遥远空泛，忠君爱国只是口号。

当官，也不过是一份工作而已。

他曾自嘲要不是为了丰厚的俸禄，真的不想当官了。

曾经的他痛骂宦官当政、藩镇猖狂、民生凋敝，后来他睁一只眼闭一只眼，自扫门前雪。

一生至交元稹投靠宦官当了宰相，他笑嘻嘻地表示恭喜，两人结伴遨游，风花雪月，埋葬了曾经真挚的热血。

而那个以人品第二无耻闻名于大唐诗坛的元稹（第一是宋之问），曾经也是个不畏强权、仗义执言的热血青年，不惜得罪宦官也要秉笔直书，结果落得个穷困潦倒、险些丧命的结局。他与白居易何其相似，也难怪两人一生都是莫逆之交，惺惺相惜。

元稹去世后，白居易常常感到忧伤，写诗怀念老友。有一年，他梦到两人回到了初相识的岁月，想起了那段以为早已遗忘的时光。

梦微之

夜来携手梦同游，晨起盈巾泪莫收。
漳浦老身三度病，咸阳宿草八回秋。
君埋泉下泥销骨，我寄人间雪满头。
阿卫韩郎相次去，夜台茫昧得知不？

让时间倒流，回到贞元十八年（802年）冬，元、白初相识，一面投缘引为至交。二人经历相似，志趣相投，于是同吃同住，备考吏部选拔考试。那年白居易三十一岁，元稹二十四岁，正是风华正茂时。谈起朝政弊病，同仇敌忾，痛斥宦官专政、藩镇作乱、朝廷朽木、为官贪腐自私，希望朝廷早日一改风气，万象更新。

"如果将来我们受到重用，必当秉笔直书，为众生请命！"

"文死谏，武死战。"

书生意气，挥斥方遒。次年春，两人同登科，俱授校书郎。两人发起"新乐府运动"，主张"文章合为时而著，诗歌合为事而作"，指点江山，激扬文字，热血在澎湃。

代书诗一百韵寄微之（节选）

忆在贞元岁，初登典校司。
身名同日授，心事一言知。

晚年的白居易对一切都很知足，在《醉吟先生传》中表达了自己乐天安命的好心态——有钱有权儿孙满堂，无病无灾活得挺长，还有什么不满意的呢？

只是偶尔喝多想起元稹的时候，年轻时的酒后豪情，那些热血的声音总会在眼前一闪而过。

"奸佞小人为患朝野,唯有死谏是男儿!"——"佞存真妾妇,谏死是男儿。"

"不畏强权嫉恶如仇,一定要跟他们刚到底!"——"正色摧强御,刚肠嫉喔呷。"

"疏狂属年少,皆是醉中言。"罢了罢了,都过去了。白居易摇摇头,笑了笑自己。俱往矣,可怜白发生。

白居易的人生分为三个时期:前期玩儿了命地出人头地,中期玩儿了命地为苍生请命,后期玩儿了命地玩。

在当时的时代背景下,白居易看不惯很多社会弊病,也曾经试图改变一些什么,可经过一番心有余而力不足的努力后,最终随波逐流,独善其身。

一个个有志青年熟门熟路地"堕落"了,许多个"白居易"加起来,便是无可挽回的晚唐颓势。

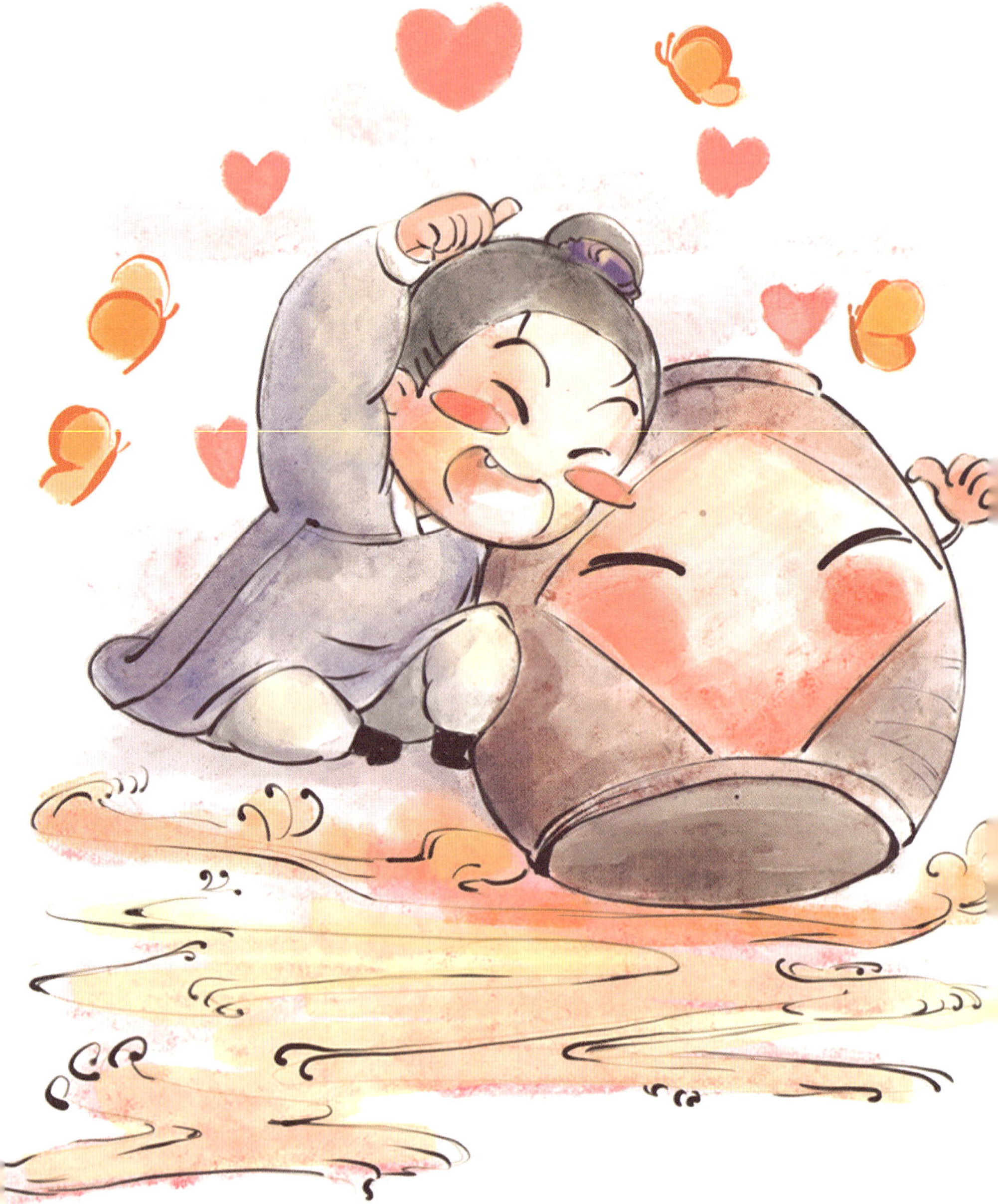

李贺

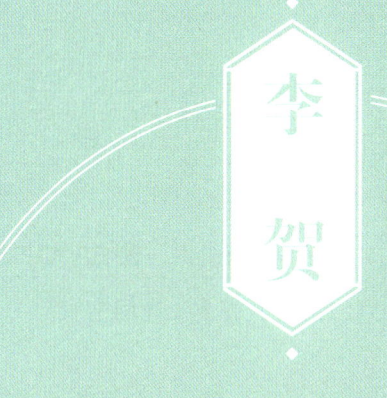

天若有情天亦老

大唐贞元十二年（796年），文坛盟主、唐宋八大家之首韩愈与弟子皇甫湜坐车来到河南府昌谷乡（今河南宜阳），寻找当地一个有名的神童。

小李贺那天正在家里玩，父亲忽然极其兴奋地说，来贵客了，快出来见客。小李贺感到莫名其妙，穿着荷花衣，梳着两个可爱的稚童发髻就出来见客了，一脸天真烂漫。

看到眼前这个瘦小的孩童，韩愈更不相信了，半试探半质疑地问："能否请令郎即兴作诗一首，让我们见识见识他的才华呢？"

李晋肃这个当老爸的信心满满，摸摸李贺的小脑袋瓜。

"儿子，证明自己的时候到了。好好写，别让两位大人失望。"

小李贺二话不说，提笔就写下一首诗——《高轩过》。这首诗的内容大致就是：今天两位大佬来我家，看到他们的气派自己心生敬仰，两位大佬不同寻常的风度让他折服，赞颂两位大佬的才华学识令人仰慕，最后再谦虚地表示，自己一个乡野小破孩何德何能让两位大佬亲自来拜访，实在是受宠若惊，必然好好努力将来不辜负大佬的期待。

整个文章引经据典，辞藻精美，比喻巧妙又形象生动且不说，作为一篇即兴作文能够做到才思流畅，思路清晰，言之有物，已然超越绝大部分成年人。更厉害的是，文中的马屁拍得"润物细无声"，自然清新，令韩愈二人神清气爽，倍感舒适。这孩子，且不说文采斐然，处世上也是个人精。

两位文坛大佬眼见为实，这下彻底服气，连连惊呼天才，拉着小李贺的手亲切地为他梳理头发。韩愈还将他放到自己的马上带出去游玩，恨不得把他当场拐走做儿子。从那以后，韩愈深深记住了李贺，还经常邀请李贺来自己家里吃饭。

有了两位大佬的背书，李贺还未长大已声名在外。按理说，照这样发展下去，李贺迟早"春风得意马蹄疾，一日看尽长安花"，然而"人生"这两个字，总是写满了意外，李贺始终命运多舛，身不由己，度过了悲剧的一生。

首先是身体不好，李贺瘦得跟鬼一样。李晋肃自己身体就不太好，因为家族遗传病的关系，儿子李贺的身体也从小就不好，不太爱吃东西，营养吸收不良，长得瘦弱，动不动就伤风感冒咳嗽，做爹的生怕孩子短寿就取字"长吉"，只希望他能平平安安，长生吉祥。

作为大唐浪漫主义诗歌的代表人物，李贺本人长得十分不浪漫，其人通眉长爪，形销骨立，夜间行路，见者惊魂。显然他对自己的长相也不甚满意，耿耿于怀，在李贺现存的二百多首诗文中，频繁出现"瘦""病""枯""骨"等描述自己形象的字眼，可见他对自己的外貌相当在意，既是一种自嘲也是一种坦诚。同样以文良颜丑出名的罗隐就从来不在诗中提及自己的长相。

当然，李贺外号"诗鬼"不只是因为长得奇特，主要还是因为他的诗词喜欢用奇诡的意象，实乃创作鬼才。

作为一个从小就有雄心壮志、想出人头地为国建功的热血男儿，李贺的孱弱身体实在拖后腿。二十出头的时候，他似乎就已经预感到自己的生命不会很长，时常在诗中感慨头发又白了、头发又少了——"日夕著书罢，惊霜落素丝"；总是有活一天少一天的忧虑，喝酒都难尽兴——"飞光飞光，劝尔一杯酒。吾不识青天高，黄地厚，唯见月寒日暖，来煎人寿"。

李贺身体虽弱，却始终热血难凉。他对于世间的一切，甚至是看不见、摸不着的世界，都充满赤子之心。别人家小孩还在玩泥巴的年纪，他就已经有了光耀门楣、出人头地的远大志向。这要从他的出身说起。李贺家是小户官僚地主，祖上曾经是李唐宗室，略有薄产，但也说不上富裕。李贺的父亲李晋肃大半辈子都在边疆做小官，熬到头总算混成河南陕县县令，他也很知足。李晋肃前半生最骄傲的事情有两件：其一是李唐皇室后裔的贵族身份，其二是杜甫是他表哥。

李贺写诗是真玩命，那是真热爱，真上瘾。别人写诗是一首一首地写，这哥们儿是一麻袋一麻袋地写，但凡有时间，不是在写诗，就是在为准备写诗而思虑，可谓燃烧生命力搞创作。少年李贺在创作审美上更喜欢楚辞、古乐府、齐梁宫体以及李白诗等风格，将虚幻精妙的通感想象力与神话典故相结合，形成了自己独特的神幻诡谲诗风。李贺年少成名，又自恃李唐王孙，难免有些傲骨。傲骨有时候成了傲气，无形之中得罪了不少人，也为他的人生埋下了祸根。然而此时，他的傲骨更多是对自我的严格要求，引用他表伯父杜甫的一段诗来描述他的创作状态再合适不过——"为人性僻耽佳句，语不惊人死不休。"

李贺白天出门找灵感时，总是骑着一匹瘦马，后面跟一个背着古锦袋子的光头小书童。他骑着马四处溜达，看山看水看云雾，看老人看稚童，看昆虫看花草，忽然之间灵思泉涌，偶得诗句，就赶紧拿出随手携带的纸笔写下来，递给书童放入袋子里备存，标题什么的不重要，回去再慢慢想，写作最重要的是由心而发，自我触动。

成语"呕心沥血"最初就是用来形容李贺写诗的状态的。

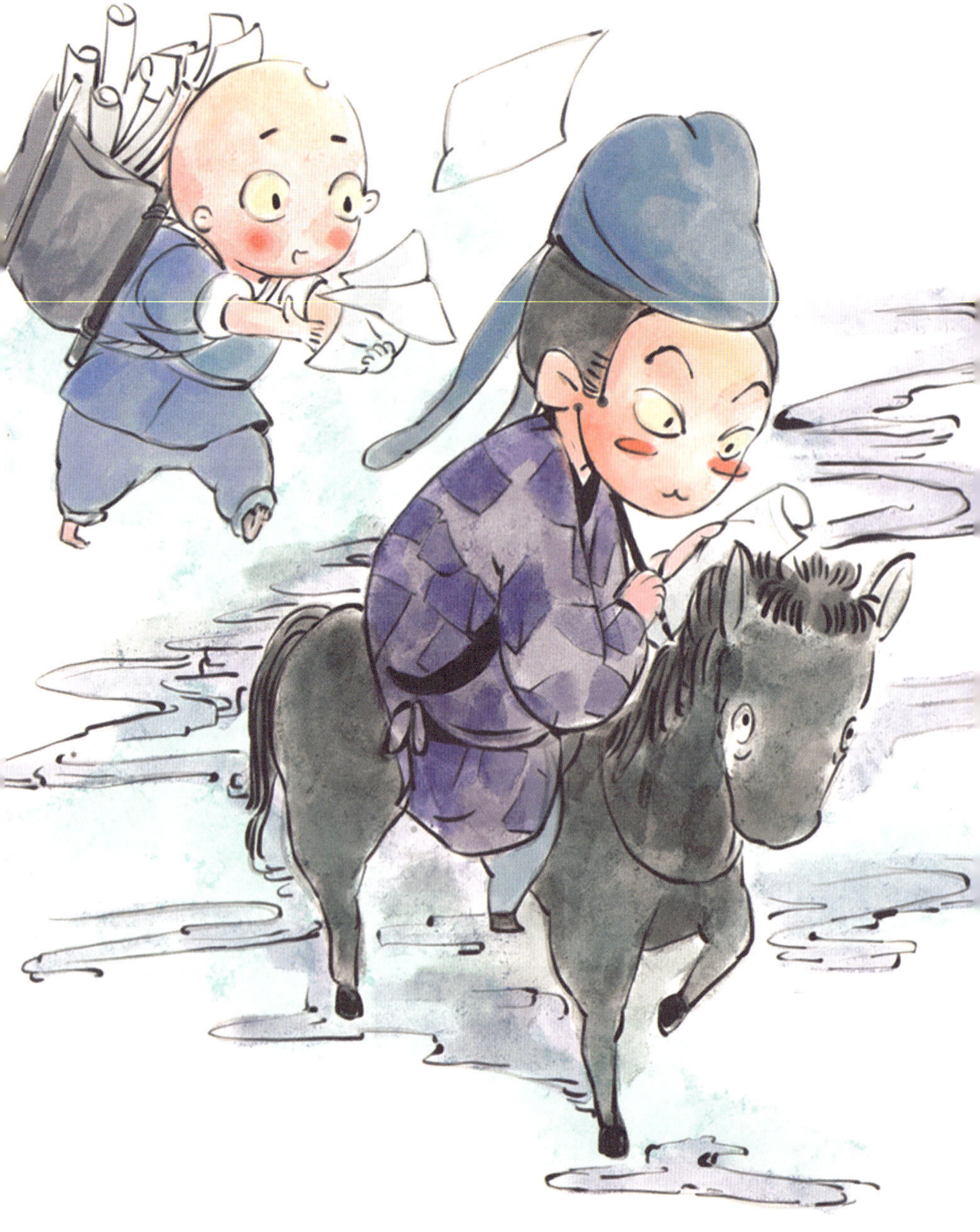

李贺写得废寝忘食，甚至一度琢磨句子到吐血的地步，可把他母亲急坏了。母亲不在乎他出不出名、有没有才华，最在乎的还是李贺的身体——这孩子从小体弱多病，现在又这么玩命写诗，岂不是要把自己的身体透支吗？有一天她让婢女把李贺装灵感的古锦袋子拿过来一看，见到里面满满当当都是儿子呕心沥血得来的诗句，非但没有感动，反而担忧生气得想哭："这孩子一根筋，这么写下去是不是真要把心呕出来才行啊？"

李贺写诗这么拼命，也是对身体不自由的一种反抗。在诗词的世界里，可以漫天做梦，无拘无束，比现实世界自在痛快得多。当然，另一个重要的原因，是他希望通过写诗来让天下人认识自己，实现自己光宗耀祖、延续辉煌的目标。李贺，是个非常有野心和抱负的人，自然懂得"出名要趁早"的道理。

在古代，才华的兑现往往只有仕途一条路，写诗能出名，可毕竟不能出人头地，他没法光靠写诗养活自己。李贺少年老成，身体虽弱却生性好强，如此努力也是为将来科举做准备。经过十年的绸缪，他终于决定去长安争取功名，首先去东都洛阳拜访了当年看好他的老大哥韩愈，并且奉上了自己这些年最得意的诗作《雁门太守行》。

韩愈一看首联"黑云压城城欲摧，甲光向日金鳞开"这两句就大呼精妙，通篇读完后，更是忍不住竖起大拇指，拉着李贺好酒好菜地好生招待，直夸道：小子好样的，没有浪费自己的才华，更上一层楼，抓紧时间准备科考，以你的才华和我在朝野的人脉举荐，金榜题名指日可待。

李贺听得心花怒放，恨不得第二天醒来就能参加考试。然而天不遂人愿，正当李贺踌躇满志地想要踏出改变人生的最重要一步之时，一个噩耗不期而至——父亲过世了。

父亲李晋肃也才四十出头，他的去世给李贺带来了身心与前途的双重打击。古代重视守孝，父亲的突然离世让李贺的科举计划不得不延后三年，而这三年的煎熬不仅仅来自对父亲的怀念，也有壮志难酬的苦闷。他几乎一下子头发全白，瞬间变得苍老。

三年服孝期满后，李贺随即参加河南府试，果不其然，获得乡试第一名，当年即可前往长安参加进士考试。此时，第二个坏消息又莫名其妙地砸到了他的头上。

可能是名声太响，树大招风，也可能是年少轻狂得罪人太多，憧憬着美好前途的李贺此时还不知道，一场针对他的"黑粉舆论暴力"事件正在发酵。由于李贺盛名在外，招来许多无端的嫉妒，这一年在长安考生之间，无中生有地流传起一个谣言，说李贺的父亲叫李晋肃，"晋肃"的发音和"进士"很接近，李贺去考进士科，不避讳父名就是不孝，朝廷如果让这么一个不孝之人参加考试就是对考生们的不公平云云。谣言越传越广，三人成虎，竟引起了长安文化圈的公愤，考生们纷纷表示如此大不孝之人坚决不能参加考试。好一个欲加之罪何患无辞！

谣言传到朝廷，为了堵住悠悠众口，皇帝竟然真的禁止李贺参加科举，荒谬至极。世间的事往往都是这样，一个人欺负一个人是恶，一群人欺负一个人反倒成了"正义"。韩愈亲自下场帮李贺说话，还写了一篇叫"讳辩"的文章，希望能争取李贺考试的资格，韩愈充分发挥唯物主义者的辩证思维论述这种荒谬的舆论：如果老爸叫晋肃就不能考进士，那是不是老爸叫李仁就连人都不能做了？

然而在那颠倒黑白的时代，单凭一个韩愈终究没能力挽狂澜。

这给李贺带来的打击是致命的。李贺这一年刚满二十，本该前途无量，就算这次自己没考上尚且能再接再厉，可这飞来横祸般的不孝罪名彻底断送了他科考的上升渠道，从根本上断绝了他改变命运的仕途。

如堕地狱。那段时间的李贺心如死灰，常常买醉，流连在长安的大小酒馆，自顾自地喝到不省人事。世上最痛苦的事不是没有希望，而是给了你莫大的希望，又将之彻底打碎。李贺实在弄不明白，上天给了他显赫的宗室身份、出类拔萃的聪明才华、少年老成的敏锐心思和看似光明的似锦前程，可这一切怎么就如梦似幻般不真实，仅仅因为莫须有的谣言就成了泡影呢？以下两首诗可以看出李贺当时的心境，是多么悲凉愤懑意难平却又自我安慰，不甘认输。

开愁歌

秋风吹地百草干，华容碧影生晚寒。
我当二十不得意，一心愁谢如枯兰。
衣如飞鹑马如狗，临歧击剑生铜吼。
旗亭下马解秋衣，请贳宜阳一壶酒。
壶中唤天云不开，白昼万里闲凄迷。
主人劝我养心骨，莫受俗物相填豗。

致酒行

零落栖迟一杯酒，主人奉觞客长寿。
主父西游困不归，家人折断门前柳。
吾闻马周昔作新丰客，天荒地老无人识。
空将笺上两行书，直犯龙颜请恩泽。
我有迷魂招不得，雄鸡一声天下白。
少年心事当拏云，谁念幽寒坐呜呃。

失落颓废之后，生性好强的李贺再次自我鼓舞——是啊，那些小人就想看我笑话，看我落魄他们就高兴，我怎么能让他们如愿呢？于是，李贺打起精神回到家乡，一头扎进诗的世界，肆意挥洒自己的想象力，依然笔耕不辍。

第二年，在韩愈等忘年交的上下打点之下，李贺的皇室宗亲身份第一次有了实际用途——他获得了恩荫授官的机会，被朝廷授予奉礼郎的官职，开始在长安上班。

奉礼郎是个什么官职呢？

说白了就是个打点门面的官方服务员领班，从九品上，掌朝会、祭祀时君臣版位之次及赞导跪拜之仪，隶太常寺。简单来说，就是一个掌管朝会、祭祀时的杂务的小官，李贺一身的才华根本无用武之地。顺带一提，同样也是七岁成名的骆宾王第一次做官时所任官职也是奉礼郎，此外两人身上也有颇多相似之处，倒是挺巧。

李贺在长安做了三年奉礼郎，职场上没什么发展，他形容自己"憔悴如刍狗"，侍奉贵族如"臣妾气态"。

赠陈商（节选）

礼节乃相去，憔悴如刍狗。
风雪直斋坛，墨组贯铜绶。
臣妾气态间，唯欲承箕帚。

奉礼郎这种官职，做的都是一些卑躬屈膝服侍贵族的活儿，尽管让心高气傲的李贺越发看不起自己，但是好歹可以领取俸禄改善生活——李贺家自从父亲死后越发穷困。可工作内容实在枯燥乏味，没有朝会、祭祀的时候，就无所事事，清水衙门一个，这让从小就有雄心壮志的李贺倍感苦闷煎熬，撑了两三年终于撑不住了，最终还是辞了职，另谋出路。他的梦想是封侯，是可以有底气地告诉别人，自己是了不起的李唐皇室后裔。

崇义里滞雨

落莫谁家子，来感长安秋。
壮年抱羁恨，梦泣生白头。
瘦马秣败草，雨沫飘寒沟。
南宫古帘暗，湿景传签筹。
家山远千里，云脚天东头。
忧眠枕剑匣，客帐梦封侯。

唐元和八年（813年），李贺终于下定决心离开长安，谋求另一条出路——也是唐朝诗人经常走的一条路：如果在朝堂之上吃不开，那么就走边塞立军功。走这条路的前辈很多，比如王昌龄、岑参、王翰、王之涣、高适等。其中最成功的是高适，最后靠军功封了渤海县侯。

李贺听了韩愈的建议，独自前往潞州投奔韩愈的女婿——时任潞州节度从事的张彻。张彻很欣赏李贺，见到如今的李贺穷困潦倒、颓唐失意，很愿意帮一把。

两人把酒畅言，相谈甚欢，酒酣之后张彻忍不住请李贺为自己写首诗，于是便有了《酒罢张大彻索赠诗》。

酒罢张大彻索赠诗

陇西长吉摧颓客，酒阑感觉中区窄。
葛衣断碎赵城秋，吟诗一夜东方白。

这首诗里的李贺，全然没有了往日那种桀骜不驯的傲气，尽是华美辞章，不吝赞美，他心知如果张彻不收留自己，他就真的无处可去了。然而傲骨依然在，诗的倒数第二段中李贺自称"陇西长吉"，其实就是强调自己的王孙身份，因为长吉的籍贯按理说是昌谷，而陇西是唐高祖唐太宗的祖籍，他这属于上赶着认祖。

张彻看了诗大喜，心想这下说不定可以名留后世了（确实），于是留下李贺在昭义军中当幕僚，担任文职工作。

那时的唐朝藩镇割据，彼此攻伐，李贺所在的潞州由昭义军节度使郗士美统领管辖。郗士美是位支持中央、维护大唐威严的名臣，每每有叛乱发生总是身先士卒。李贺多次献计献策，在平定乱贼的战役中产生奇效。经过张彻的上报，李贺也受到了郗士美的赏识。

李贺不愧是鬼才，干一行爱一行，若是能够在军中做下去，说不定也能成为一位建功立业的好军师，实现自己保卫李唐、沙场立功的抱负。

南园十三首·其五

男儿何不带吴钩，收取关山五十州。
请君暂上凌烟阁，若个书生万户侯？

正当李贺燃起热血的斗志，准备干出一番成绩之时，他的老大的老大郗士美因藩镇混战，在心灰意冷中离世。张彻作为郗士美的部下也受到牵连，同样离开了昭义军回到长安。

失去了靠山的李贺再一次四处飘零，看透了大唐大厦将倾的乱象，各地节度使拥兵自重，野心勃勃，没有几个人真心维护大唐的威名，只有自己那些地盘和算计。如今的李唐天下就像一只肥美的烤全羊，每个野心家都想分一杯羹。如郗士美这般忠良帅才尚且无能为力，自己一介书生又能做什么呢?

愤懑、悲怆、凄凉、颓靡,在重重失望与现实的打击之下,李贺心灰意冷,身体越发虚弱,只得回家乡养病。

在人生的最后几年,李贺的诗中尽是魑魅魍魉、仙神鬼怪,独创的"长吉体"风格也是他内心苦涩悲戚的体现。其实李贺写鬼的诗总共也就十几首,占全部作品的比例不大,相对于写鬼,李贺其实更喜欢写马,光是现存的《李贺集》中提及马的诗就有四十多首,远比写鬼的要多得多。之所以被后世以"诗鬼"之名传扬,还是因为这诡魅的风格冷到了骨子里,能令读者感到绝望的美感,这也是李贺所剩不多的生命力在哀号:苦啊!他对现实世界已然绝望,只能寄希望于仙界鬼蜮,以此寄托心中那些美好的幻象。"牛鬼蛇神,不足为奇,虚荒诞幻也。"

长久以来,李贺就是靠着心中的一股斗志活着,如今颓唐失意,处处受挫,那股子气消散于无形之中,他的身体也开始每况愈下,此时作为一个人的李贺渐渐死去,作为一个鬼的李贺幽灵般地留恋着人世。

人生是一场心态游戏。心态崩了,游戏也就快结束了。这一生来世上走一遭,原来是为体会伤心之行。

伤心行

咽咽学楚吟,病骨伤幽素。
秋姿白发生,木叶啼风雨。
灯青兰膏歇,落照飞蛾舞。
古壁生凝尘,羁魂梦中语。

李贺自知时日无多,开始整理多年来的诗稿,将之托付给好友沈子明之后,一病不起。

李贺去世十四年后,沈子明醉酒时整理书箱,偶然翻出李贺的诗稿,发现多年来于奔波劳碌之中被遗失了不少,如今还剩下两百多首,顿时酒醒长叹。深感愧疚的沈子明这才想起自己因杂务琐事一直忘了帮老友出诗集,于是亡羊补牢,赶紧把这事提上日程,特意上门拜请当时最红的大才子杜牧为《李贺集》作序。杜牧不吝赞美之词,称李贺之诗"盖《骚》之苗裔,理虽不及,辞或过之"。

不久,另一位素来欣赏李贺之才的大才子李商隐也主动为李贺写传记。李贺身虽死,诗文流传至今依然不朽,笛卡尔说"我思故我在",于李贺而言,就是"我写故我在"。希望天上的他没有了身体的病痛折磨,能无忧无虑地尽情创作。

李贺这一生,短暂且悲凉,虽然老天爷给了他过人的才智、早慧的童年、王孙的身份、成功的开端,却也给了他孱弱的病躯、糟糕的命运、偏执的野心,在种种矛盾反复折磨之下,英年早逝。

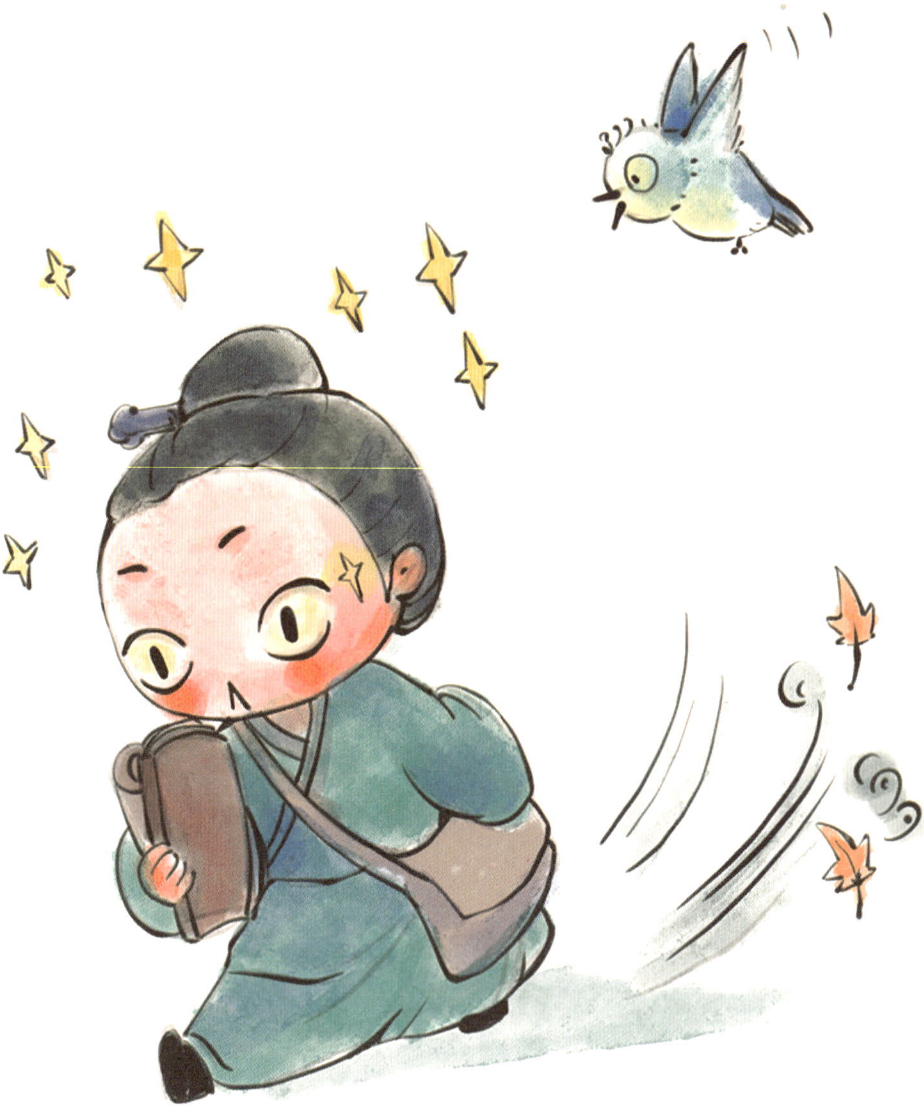

杨炯

炯炯有神

初唐时期，社会发展蒸蒸日上，文坛也百花齐放。在竞争无比激烈的大唐文坛，有四人总是一骑绝尘，遥遥领先，他们如同初唐夜空中最明亮的星辰，是引领了大唐诗坛的前浪，他们就是王勃、杨炯、卢照邻、骆宾王。

其中首屈一指的，自然是天纵奇才的风骚少年王勃。不管他走到哪里，都能引来读者的追捧，这让千年老二杨炯很不服气。两人差不多年纪，同样年少成名，论才华、论颜值、论出身，杨炯觉得自己都丝毫不输王勃。若是德高望重的卢照邻前辈排在自己前面，杨炯还能接受，但换作王勃，心高气傲的杨炯怎么都不服气——凭什么我一个天才少年要给王勃当陪衬？

面对"记者"的"采访"，杨炯直言不讳地说出心中的感受："排名在卢前辈之前，我很惭愧；可是排在王勃之后，我感到非常羞耻。"

王勃听说后哈哈一笑："排名什么的，我是无所谓的，反正群众的眼睛是雪亮的。"

卢照邻听说后捋须点头："小杨谦虚了，他排在我之前名副其实，我毫无怨言。"

唯独骆宾王得知后心里不是滋味："你们是不是都忘了还有个我，嗯？"

杨炯为了提升自己的名气反复琢磨，觉得自己是缺少一个好人设。王勃占了轻狂，卢照邻占了悲惨，骆宾王占了豪迈，自己四平八稳缺乏特色，需要好好打造一个特点让人记住。他想到了边塞诗，于是乎，一举成了大唐边塞诗的先驱。

宁为百夫长，胜作一书生！

《从军行》一出，令无数大唐男儿热血沸腾，前往边疆挥洒血汗，建功立业，为大唐开疆辟土创造盛世打下了基础。后世无数边塞诗人听到杨炯的大名，都要恭恭敬敬地喊一声"祖师爷"。

是的，我们今天的主人公，就是一生要强的杨炯同志，让我们隆重欢迎他出场！

杨炯出身弘农杨氏，历代是名门望族，从小博览群书，聪慧过人，年仅十岁就神童举及第，成了国家认定的天才神童。对此，五十岁才中举的范进表示：不信谣，不传谣。

杨炯中第之后，一直待诏弘文馆，等待朝廷的任命。弘文馆可是唐太宗李世民创立的精英文臣机构，会集了当时的天下名士大儒，里面个个都是牛人。杨炯十岁就进了弘文馆，放到现在，相当于有个小学生进入中科院研究所工作，别的孩子鼻涕还没抹干净，杨炯已经开始领国家工资补贴，在长安买车买房。

当然，此时的杨炯毕竟还太小，没什么特别的工作需要他来做，也就在弘文馆看看书，研究研究学问，得空了跟同事喝喝茶，听大家聊长安最近的房价是不是又涨了、孩子的尿布应该怎么包，等等。小小少年，就这么提前体验到了中年人的生活有多么枯燥无聊。"不，我不要这么活。"杨炯的心里，还有诗和远方。

没想到这一等，就是十六年。

话说杨炯进弘文馆那一年，唐高宗刚好风疾发作，头晕目眩记忆力不好，说不定是把杨炯这个神童给忘了。此时"大唐公司"名义上的董事长虽然是唐高宗，但大家都知道，实际的掌门人逐渐成了老板娘武则天。

杨炯作为一个天才，有傲气是必然的，经常看不起身边的同事，取笑一些官员是麒麟楦。有的人被骂了都听不懂是什么意思，于是问杨炯："什么是麒麟楦啊？"杨炯不屑道："演戏时装作麒麟的驴子就叫麒麟楦，金玉其外，败絮其中，外表再华丽，也不过是一头蠢驴而已。"好家伙，这么狂，想想就知道杨炯的人缘不会好了。

然而看着身边的同事，就算能力不咋地，却也一个个从小科员混到了科长、正处，甚至成了朝廷大员，纷纷离开了弘文馆，而身为天才的杨炯从少年熬到了青年，苦等了十六年，却依然等不到朝廷的升迁任命。

到了二十六岁，天才杨炯很不服气，心想既然皇帝想不起他，他就自己把握机会，积极参加了唐高宗上元三年（676年）的制举科（不定期举行的随机考试）。天才就是天才，杨炯再次顺利及第，一考就中，这次被朝廷授予了秘书省校书郎的岗位。校书郎相当于国家图书馆的科员，在当时可是个文人无不向往的美差，工作轻松，还能博览群书，日常就是校对经典古籍，锻炼文笔，学习如何写政府材料，为将来升迁打好基础。唐代很多诗人大官都是校书郎出身。杨炯同学的人生迈上了前途光明的康庄大道，可是他又不开心了。

"什么呀，刚从每天和旧书打交道的弘文馆出来，又成了每天跟书籍打交道的校书郎，工作环境还是那么沉闷无聊，我的青春不应该如此荒废！"

杨炯想去边塞看看别样的风景，想驰骋沙场杀敌立功，每天写公文令他的灵魂倍感压抑，仿佛那压在五行山下的孙悟空。为此他在喝醉之后满腹牢骚，写了一篇《浑天赋》，责怪老天爷不开眼——自己这么有才华却得不到重用，真是暴殄天物啊！

直到这一年（676年）他得知王勃溺水去世，不禁心中伤感。

尽管杨炯不爽王勃排名在自己前面，可在杨炯心里，王勃何尝不是自己非常欣赏的人？之后杨炯主动为《王勃集》作序，表达深深的哀戚之情。如今排名第一的英年早逝，自己这个第二还有什么意义呢？

比起其他三人，杨炯已经很幸运了。抱怨归抱怨，有编制的工作有稳定的收入和保障，尽管他内心偶尔向往沙场，但是身体还是很诚实，老老实实地在校书郎的工作岗位上干了六年。毕竟宇宙的尽头是编制，千百年来始终如此，既然待在体制内，那也要炯炯有神，不能混吃等死，得想办法干出点成绩来。可是现在这个岗位，实在鸡肋啊！

当时边疆的吐蕃、突厥经常侵扰大唐国土，杨炯听说之后热血沸腾，他开始向往充满激情的沙场，渴望建功立业，挥洒热血。虽然从未去过边塞，但他还是凭自己的想象力写了一首名留青史的《从军行》，同时开了边塞诗的先河。

军行

烽火照西京，心中自不平。
牙璋辞凤阙，铁骑绕龙城。
雪暗凋旗画，风多杂鼓声。
宁为百夫长，胜作一书生。

出塞

塞外欲纷纭，雌雄犹未分。
明堂占气色，华盖辨星文。
二月河魁将，三千太乙军。
丈夫皆有志，会见立功勋。

《从军行》这种硬朗豪迈的风格一炮而红，"宁为百夫长，胜作一书生"成了当年口口相传的诗句。杨炯一下子打响了知名度，令无数读完诗热血沸腾的大唐男儿报名参军。

人一出名，好事就跟着来。这不，贵人来了。

唐高宗开耀元年（681年），中书侍郎（相当于现在的国务院总理）薛元超看了杨炯的诗，很是欣赏，举荐他成了崇文馆学士。崇文馆隶属于国子监，是唐朝最高学府，每年招生名额只有二十人，招收的是皇亲国戚以及当朝一品功臣的子孙，是大唐顶级私立贵族学校，里面的学生只有金贵和更金贵之分。

好事成双，薛元超还乘机将杨炯推荐给了太子李显。太子李显，就是王勃写的《檄英王鸡》里的英王，本身就对有才华的人特别欣赏，很久以后他想起当初斗鸡输给弟弟的几百万依然感到心疼，甚至认为就是王勃写的文章给弟弟的斗鸡加成了。

薛元超在太子面前一顿猛夸，夸得太子认为自己有了杨炯，就像刘备遇到了诸葛亮、齐桓公遇到了管仲，赶紧安排杨炯做自己东宫的詹事司直。这个职位相当于东宫大总管。如果将来太子登基，他这个职位极有可能成为宰相。此时的杨炯真是"春风得意马蹄疾"，想想就笑开花。

"大佬您对我这么好，我到底该怎么回报您呢？"杨炯思来想去，给薛元超写了一篇《庭菊赋》，辞藻华丽、洋洋洒洒，夸得薛元超都不好意思了。

一生要强的杨炯，终于迎来人生中最风光的时期。

可惜，只风光了两年，希望就彻底破碎了。

公元684年，太子李显登基不到两个月，就被他老娘从龙椅上拽了下来。武则天表示：我也不是谦虚，我儿子皇帝当得不好，我来给他做个示范。然后一脚踹开李显和他的跟班们，让他们哪儿凉快哪儿待着去。

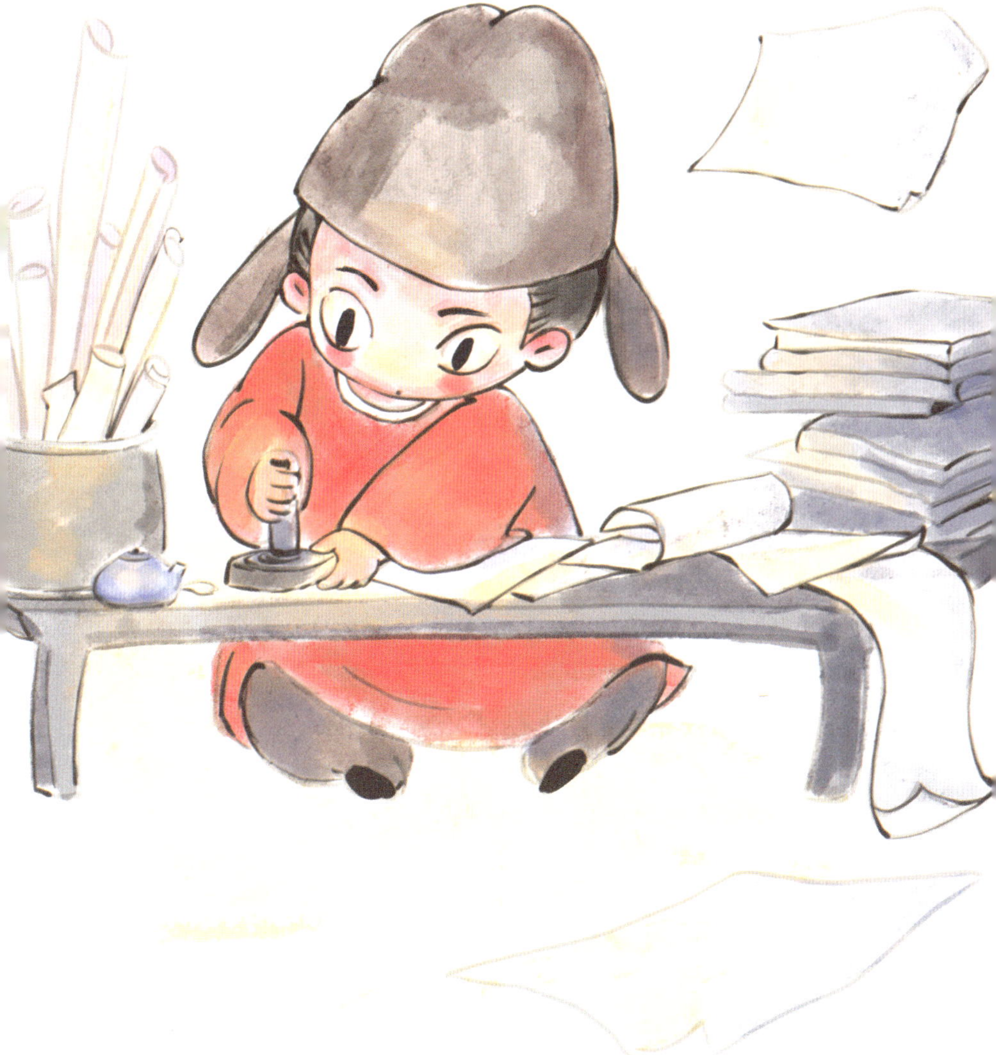

人世间最痛苦的事，就是当你刚以为自己走上人生巅峰，下一刻却突然美梦破碎。杨炯此时的心情，和他的上司李显如出一辙。

祸不单行，武则天刚废掉皇帝李显，扬州的徐敬业就忍不住造反讨伐武则天，让大名鼎鼎的骆宾王写了大名鼎鼎的《讨武曌檄》，一时间聚集了十万人，声势浩大。这本来跟杨炯没半毛钱关系，然而在这些参与造反的人员之中，出现了一个他熟悉的名字——杨神让，杨炯的堂弟。

堂弟，你为什么要坑我啊堂弟！你不是说去扬州散散心吗？你怎么就想不开造反了呢？你造反就不能改个名字吗？你倒是热血上头，过把瘾就死。我啥都没干就被你牵连了呀，我的好兄弟啊！

就这样，随着徐敬业反政府武装势力的覆灭，啥也没干的杨炯受到了株连，被赶出生活了大半辈子的长安，一脚踢到了边远的四川梓州（今四川三台一带）担任司法参军，某种程度上算是实现了他曾经的心愿——从军行。不得不说，武则天真"贴心"。

这个时候，初唐四杰只剩下杨炯一人了，虽然他对其他三位没什么深厚感情，甚至不满王勃排位在前，但得知骆宾王之死，也难免有些物伤其类。

山高水远，人生无常，经历了这些起起伏伏，杨炯的心境也大为改变，反省自己曾经的狂傲不羁，在被贬途中经过长江巫峡，见前路昏暗，心灰意冷，写下《巫峡》。

巫峡

三峡七百里，唯言巫峡长。
重岩窅不极，叠嶂凌苍苍。
绝壁横天险，莓苔烂锦章。
入夜分明见，无风波浪狂。
忠信吾所蹈，泛舟亦何伤。
可以涉砥柱，可以浮吕梁。
美人今何在，灵芝徒有芳。
山空夜猿啸，征客泪沾裳。

杨炯在四川待了整整六年，未曾放弃回到长安的希望——火锅虽然吃在口，我心依然是长安心，我的祖先早已把我的一切，烙上长安印。

天授元年（690年），武则天终于按捺不住吃螃蟹的心，登基称帝，成了历史上第一位女皇帝。天下改旗易帜换了主人，李唐成了武周。

人逢喜事精神爽，武则天大赦天下，广收人心，就连远在四川的杨炯也被召回了东都洛阳，被安排到习艺馆负责教学工作，和因人品卑劣而知名的诗人宋之问成了同事。经过这次劫后余生，杨炯一扫曾经的傲气，做人做事越发低调沉稳，他学会了观察官场规矩和人情世故，懂得了求取理想和现实的平衡，而且在宋之问的耳濡目染之下，逐渐意识到奉承的重要性。

凡是跟武则天有关的，都可以歌颂。女皇的新发型、新服饰多么光辉美丽，女皇的政策福泽天下，皇恩浩荡感天动地，等等，只要给他一支笔，他就能把武则天吹上天。当初的杨炯可是出了名的恃才傲物、耿直狷介，动不动就嘲讽那些靠拍马屁上位的人是"麒麟楦"，没点文化的人还听不懂他在骂人。最后，杨炯还是活成了自己当初最讨厌的样子。

杨炯这次回来后，态度一百八十度大转变，人也和气了，态度也低调了，张口闭口"以和为贵"。当杨炯踏入文人聚会的筵席，他们故意高声嚷道："哟，这不是麒麟楦才子吗？"杨炯睁大眼睛说："你们怎么这样凭空污人清白……""什么清白？我可是认认真真读了好几遍《盂兰盆赋》的，真下酒啊。"杨炯便涨红了脸，额上的青筋条条绽出，争辩道："写篇文章而已……诗词歌赋！……读书人的事，能算麒麟楦吗？"接着便是难懂的话,什么"君子不器",什么"大直若屈"之类,引得众人哄笑起来。

然而,一生要强的杨炯,最终还是无法接受溜须拍马的自己,不再苟安于庸俗的官僚生活、为了一份俸禄俯首帖耳地做统治阶级的倡优小丑。想明白后,杨炯再次恢复毒舌本色,开始针砭时弊,仗义执言。这回他舒畅多了——我就是我!原来炯炯有神来自气凌秋霜,行不苟合。

然而做官舒畅是有代价的。这不,杨炯又被贬了,贬到了盈川(今浙江衢州)当县令,杨炯正式到任之后,对待工作丝毫不懈怠,他用汗水浇灌治下的土地,一年之内就将盈川的贪官污吏全部法办。传说他所到之处,就连吃庄稼的害虫都会闻风而逃,久旱的土地也可以逢甘霖。可惜的是,总算可以一展抱负的杨炯,却因积劳成疾而在到任后的第二年就去世了。

弥留之际,杨炯终于明白:所谓的建功立业,其实并不一定要征战沙场,因为人生处处皆沙场。只要所做的事情是为更多的人谋幸福,就是顶天立地的好男儿!

曾经郁郁不平,入仕无门;曾经凄凄惨惨,无人赏识;曾经心有不甘,不能建功立业。在人生的最后一年,杨炯的毕生所求都已经实现了,正所谓"朝闻道,夕死可矣"。在那段做回自己的最后的岁月,杨炯重新收获了文人们的尊重与后辈的敬仰。

武则天如意元年（692年）冬，杨炯离开洛阳那一天，漫天大雪纷飞，他的头号粉丝张说前来送行。未来的名相张说此时年仅二十五岁，他曾经以为杨炯真的变了，颇为失望，那个说"宁为百夫长，胜作一书生"的男人怎么会阿谀奉承？如今见到偶像依然炯炯有神，目中有光，他感受到一股无形的热血，偶像就是偶像，历经世事沧桑，依然热血难凉。张说特写下《赠别杨盈川箴》表达心中的敬仰之情。

> 君服六艺，道德为尊。君居百里，风化之源。

你经过了生活，还是生活经过了你，有时候很明白，有时又难免糊涂。你曾经是你，后来又变得不是你，幸运的是，最终你还是你。

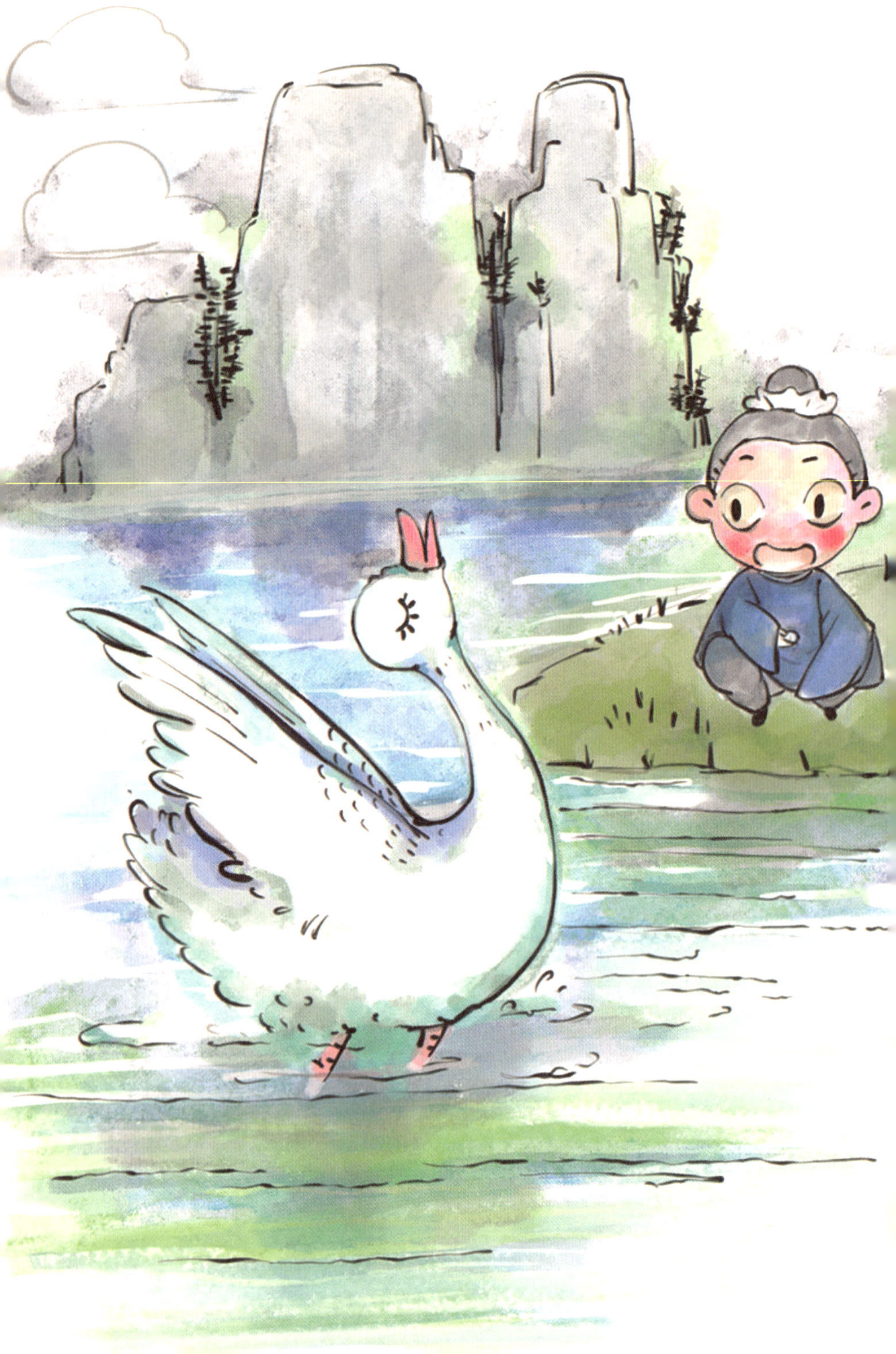

骆宾王

才子版的鲁智深

今天"记者"来到浙江省义乌市,这里是"年度最热门"唐诗《咏鹅》的作者、年仅七岁的天才诗人骆宾王的家乡,我们采访一下当事人关于《咏鹅》这首诗的创作灵感。

记者:"骆宾王你好,很高兴见到你。"

骆宾王:"你好。"

记者:"你知不知道你现在很有名?绝大部分中国人学的第一首唐诗就是你的《咏鹅》。"

骆宾王:"给版权费吗?不给有什么用。"

记者:"呃……请问是什么契机和灵感,让你写下这首诗的?"

骆宾王:"那个呀……因为我们家养鹅。你看到村子外面那口池塘了吗?我家的鹅就放养在那里,我最喜欢吃红烧鹅掌,还有铁锅炖大鹅、萝卜焖鹅肉……"

记者:"等等!不能这么回答,观众看了会失望的。摄像师记得后期剪掉。你应该这样讲……"

记者:"好的,骆宾王老师,我们重新来过。开始!请问你写下《咏鹅》的灵感来源是什么呢?能跟我们的小朋友分享一下吗?"

骆宾王:"呃……嗯,是这样的,我从小热爱大自然,喜欢观察动物。春天的阳光下,大白鹅在池塘里自由自在地游来游去,啊,那是多么美好和谐的画面……看到此情此景,我不由自主地想要写一首诗赞美可爱的大白鹅,抓住脖子弯弯、羽毛洁白等特点描写,这才有了《咏鹅》。"

记者:"所以小朋友们要多亲近大自然,多接触动物,才能有更多灵感和创意哦!"

骆宾王:"对的。大白鹅那么可爱,千万不要吃大白鹅哦!"

初唐四杰中,骆宾王虽然按照排名在最末,但若论其在中国的知名度,骆宾王一骑绝尘。凡是念过唐诗的,几乎没有不会背诵《咏鹅》的,而他写这首诗的时候才七岁。

在初唐四杰的人生经历中,王勃如夜空中的烟火般璀璨而短暂,杨炯官场沉浮备尝艰辛,卢照邻悲苦憋闷投水身亡;相比而言,骆宾王的一生算得上非常精彩,像《水浒传》中的豪侠,足迹踏遍大江南北,天生一副侠骨柔肠,专喜欢管闲事,一言不合就辞职归隐山林。他经历过流放参军、打架坐牢,好打抱不平,快意恩仇,帮痴心女子骂负心汉,最后

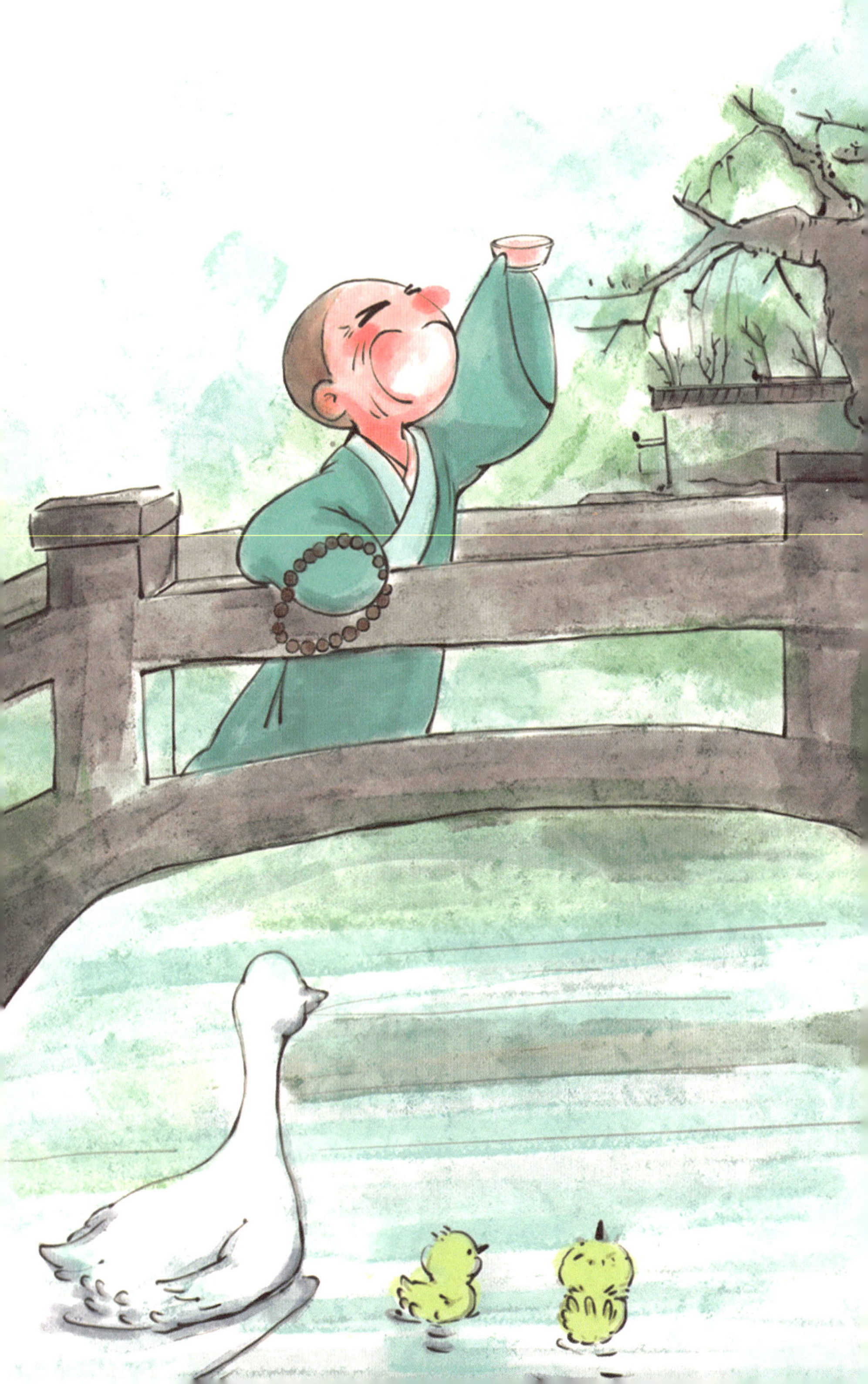

轰轰烈烈造了个反并写檄文公开痛骂女皇,此后生死不明,成了传说……

他有一个炽烈而真挚的灵魂,追求侠义与自我,简直就是才子版的鲁智深,从他在《畴措篇》里的自况就能看出。

少年重英侠,弱岁贱衣冠。

初唐时期的科举制度并不完善,普通人想要通过科举入仕极为困难,名额几乎都被走后门的世族把持,故而即便像骆宾王这样的天才,也没有顺利通过科举,落寞而归。回乡后,骆宾王也没闲着,或四处漫游自我推荐,或隐居山林强身健体,为将来的各种可能性做好准备。

赋得春云处处生

千里年光静,四望春云生。
椉日祥光举,疏云瑞叶轻。
盖阴笼迥树,阵影抱危城。
非将吴会远,飘荡帝乡情。

当时的文人想当官,除了科举和门荫,还有一条出路,就是成为王爷府的文职人员,混个脸熟,争取将来被提拔到朝廷做官。三十岁左右的时候,骆宾王得到道王李元庆(唐高祖李渊第十六子)的赏识,跟着道王工作了三年,两人相处融洽,道王有意提拔,便问他有什么特长,以便举荐。

面对如此难得的晋升机会,骆宾王却傲娇了,回复道:"鄙人不擅长自吹自擂,如果自我吹嘘才能得到重视,那这种风气对国家选拔官员来说实在缺乏公信力,有损君子的气节。抱歉了,在下宁可寂寂无名,也不想吹牛皮。"

道王李元庆一看,好家伙,给脸不要脸,真把自己当盘菜了是吧?热脸贴了冷屁股,真叫人尴尬啊!

由此可见,天才往往有些恃才傲物,故而人生吃了太多爱惜羽毛的苦。

后来道王过世,骆宾王离开了道王府,在山东一带过了将近十二年的闲居生活,留下了许多行侠仗义、打抱不平的事迹传说。

麟德二年(665年)十二月,唐高宗感觉自己这个皇帝当得还不错,文治武功都算得上出类拔萃,便决定前往泰山封禅。身在山东的骆宾王听说之后,激动地写了篇《为齐州父老请陪封禅表》,歌颂皇帝圣明,通过神秘的人脉送到了皇帝面前。

唐高宗一看文章——哎哟,不错哦!这么有才华,内容真实可信。他就记住了骆宾王。次年,骆宾王以对策及第,朝廷授予奉礼郎。这个职位的具体工作就是管理祭祀的一些安排，举行典礼，摆放祭品。骆宾王干了没多久，唐高宗记起了他，又将他提拔为东台详正学士，负责校理图书。在长安期间，初唐四杰彼此结识，按照年龄，骆宾王和卢照邻是同辈，比杨炯和王勃大一轮，于是他俩成了经常一起喝酒写诗的好友。

然而交情好归交情好，当骆宾王以为卢照邻当了渣男，辜负姑娘感情的时候，立马出来打抱不平。

事情是这样的，卢照邻在四川当新都尉期间，和一位姓郭的姑娘相恋同居了，说好回到长安安顿好一切就接她过来，结果三年又三年，始终杳无音信。郭姑娘还怀了孕，生下一个女儿孤苦无依，天天吃糠咽菜，导致女儿夭折，痛不欲生。

骆宾王当时和卢照邻已经许久未见，正好出使四川，无意中听说此事后当即摔碎杯子——我看错你了卢照邻，你这无情无义的负心汉，啊呸！当即写下了一篇长诗《艳情代郭氏答卢照邻》，痛骂卢照邻薄情寡义，怜悯郭氏的悲惨遭遇。

艳情代郭氏答卢照邻（节选）

相望重河隔浅流。
谁分迢迢经两岁，谁能脉脉待三秋。

情知唾井终无理，情知覆水也难收。

不复下山能借问，更向卢家字莫愁。

以骆宾王的影响力，此诗一出，顿时火遍长安酒肆茶楼，传播到大街小巷，无论男女老幼，茶余饭后都要痛骂一句："卢照邻臭渣男。"

"同样是初唐四杰，这人跟人之间的差距咋就那么大呢？"

其实卢照邻也有他的苦衷，他回来后得罪了权贵武三思，含冤入狱，经历了严刑拷打，被打得面目全非，为了调养身体，不幸吃错丹药导致半身瘫痪，样貌丑陋不堪，之后还染上了麻风。一连串的倒霉事导致卢照邻根本不想活了，更不想让当初的恋人看到自己这副丑陋狼狈的模样。

只是这些情况骆宾王并不清楚，义愤填膺地给昔日好友卢照邻扣上了渣男的帽子。

骆宾王因为这件事，"女粉"激增，尤其是长安的文艺女青年，见到如此有情有义、侠骨柔肠的大才子，纷纷表达自己的敬佩之情。也有不少女粉向骆宾王诉说自己的遭遇，给骆宾王提供写诗题材。比如那首名为《代女道士王灵妃赠道士李荣》的长诗，也是骆宾王为一位女道士打抱不平而写的，剧情和卢照邻与郭氏的故事差不多。

由此可见，骆宾王为人处世过于耿直，所以在官场上屡屡遭小人陷害,后因事被贬谪,干脆辞官不干,直接撩起袖子前往西域边塞,守卫边疆,释放他内心的战斗冲动。正如杨炯所说:"宁为百夫长,胜作一书生。"

这段出塞经历,使骆宾王成了初唐第一代边塞诗人,盛唐边塞诗热潮的前浪。

三年之后,满脸坚毅沧桑的骆宾王从沙场归来,眼神中写满了故事。也不知道这三年他到底经历了什么,不但没有被社会打磨得消沉低迷,反而老而弥坚,壮怀激烈。

等到武则天掌权的时候,已年过花甲的骆宾王胆魄更猛了,直接上疏讽刺武则天,锒铛入狱依然面不改色。

在狱中,他写下了著名的《在狱咏蝉》。

在狱咏蝉

西陆蝉声唱,南冠客思侵。
那堪玄鬓影,来对白头吟。
露重飞难进,风多响易沉。
无人信高洁,谁为表予心。

我就是那只一直鸣叫的蝉,尽管改变不了什么,但至少能吵到你。

入狱一年后,幸而遇到朝廷大赦,骆宾王重获自由,随后被贬为临海丞。

公元684年，高宗皇帝驾崩后，武太后垂帘听政，大权在握，短短一个多月的工夫，逼杀章怀太子李贤，废了新皇帝李显，又软禁了之后登基的李旦，此后更是改年号、改官号、改洛阳为神都，种种行径犹如司马昭之心，路人皆知。

武后专权多年，如今又如此朝纲独断，天下人皆猜测：这个女人，该不会有更大的梦想吧？

在扬州，有一伙对武则天不满的失意者聚集在一起，商量着要不要干票大的。为首的是英国公李勣的孙子李敬业，还有原监察御史魏思温、宰相裴炎的外甥薛仲璋，以及我们桀骜不驯的老才子骆宾王。这一年他都差不多是个花甲老翁了，果然老当益壮，壮志不已啊！

一伙人喝了一顿酒，都喝高了，纷纷表示，宁可当一刹那的勇士，也不当一辈子的懦夫！

扬州乃富饶鱼米之乡，且有运河之便，物资通达，又远离两京唐军精锐，选在此处揭竿而起，可谓天时地利人和俱在。

游侠与战士的血脉在骆宾王身体里沸腾，这才是他渴望已久的大事业！他一定会青史留名（从某种意义上来讲，确实）！

李敬业谎称扬州有叛乱，自己受朝廷密诏前来平叛，与扬州的内应合谋之下很快便拿下扬州长史。全面占领并控制扬州之后，打开扬州府库，释放狱中对武后不满的囚徒，召集工匠打造兵甲武器，吩咐骆宾王写檄文号召百姓匡扶李唐皇室，起兵反对武太后临朝称制。

《讨武曌檄》，原名《代李敬业传檄天下文》，将武则天骂了个痛快淋漓，释放了骆宾王长期以来的不满。

李敬业反复看了好多遍，啧啧称奇。有些句子他都会背了，张口就来：

> 人神之所同嫉，天地之所不容。
> 犹复包藏祸心，窥窃神器。君之爱子，幽之于别宫；贼之宗盟，委之以重任。呜呼！
> …………
> 一抔之土未干，六尺之孤何托？
> …………
> 试看今日之域中，竟是谁家之天下！移檄州郡，咸使闻知。

李敬业看完热血沸腾，大声朗诵："试看今日之域中，竟是谁家之天下！到底是姓李，还是姓武！"恍惚之中，李敬业仿佛把自己当成了李唐皇室的正统，而忘了他的祖父本姓徐。

拜骆宾王这篇大气磅礴的檄文所赐，扬州附近的人们纷纷响应，短短十来天就号召了十多万青年加入造反队伍。

当武则天读到这篇檄文时，非但没有生气，反而大为赞赏："写得真好啊！我看得都热血沸腾了，要不是反的是我，我都想加入其中了。"

武后越看越觉可惜，当即喊来宰相狂骂："这么有才华的人，怎么就漏掉了呢？"

宰相心里委屈："啊这，还不是因为当初得罪了你吗……"

李敬业造反之初虽然声势浩大，不过一群"乌合之众"，完全不是朝廷军队的对手，三个月后就一败涂地了，就连李敬业也人头落地。倒是骆宾王的最终结局，成了一个谜。有人说他被碎尸万段，有人说他投水自尽，有人说他装死逃遁，也有人说他遁入空门隐居山林。总之不知所终，活不见人，死不见尸。

民间相传，许多年后的某个夜晚，诗人宋之问借宿杭州灵隐寺，见山寺夜色诗兴大发，吟出"鹫岭郁岧峣，龙宫锁寂寥"后卡住了，反复念叨也想不出下两句。正在他苦思冥想之际，一个老和尚从旁经过，漫不经心地接道："楼观沧海日，门对浙江潮。"宋之问听完大惊，此句工整对仗，意境悠远——高人哪！等他回头再找老和尚的身影，却已遍寻不得。后来人们传言，那个老和尚正是隐居在此的骆宾王。

巧的是,《水浒传》中的鲁智深,也正是在钱塘江前悟道圆寂。骆宾王与鲁智深,还真有不少异曲同工之妙。

噫!"钱塘江上潮信来,今日方知我是我。"

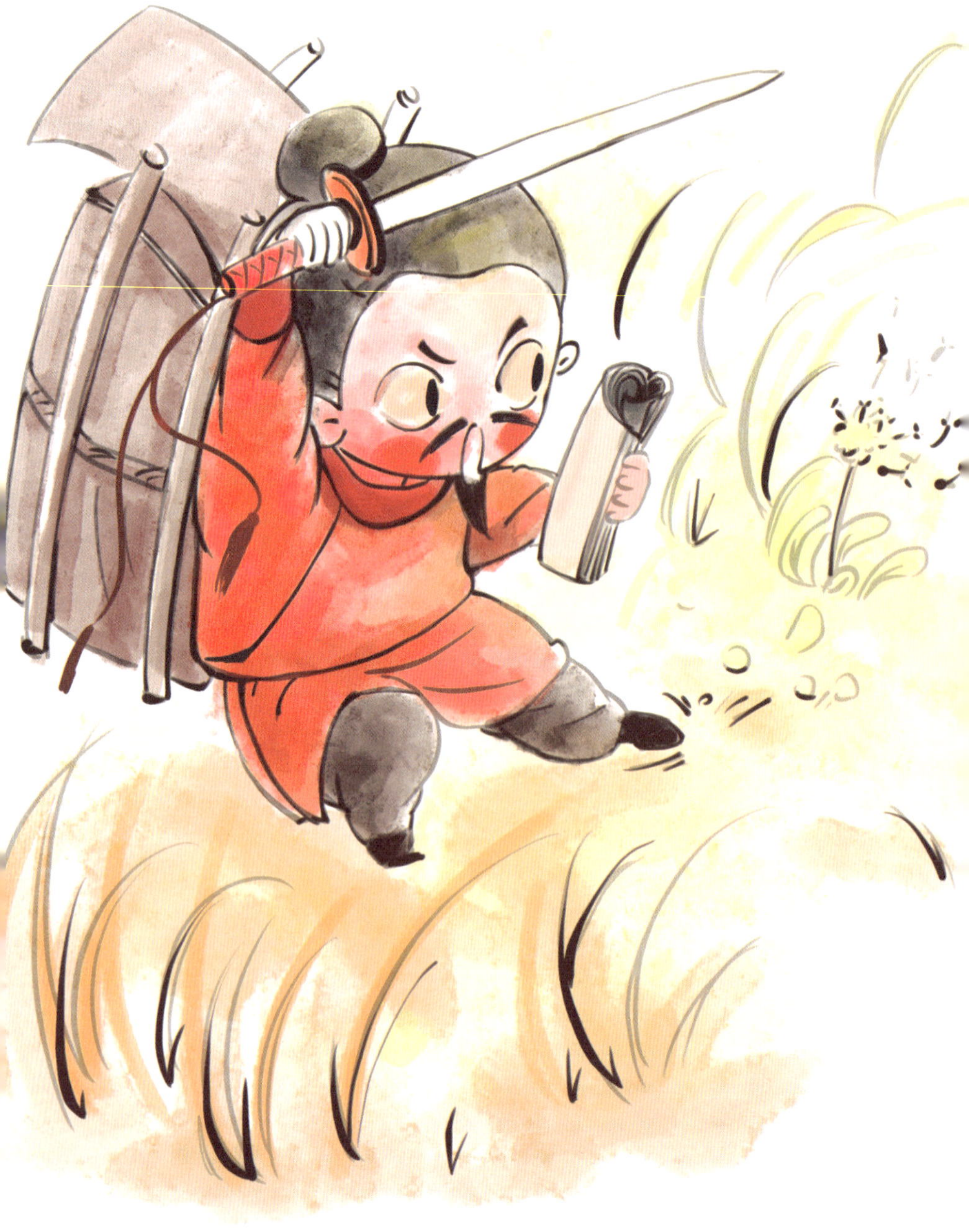

高适

大唐假行僧

How many roads must a man walk down

一个男人要走多少路

Before you call him a man?

才能称得上男子汉?

——歌曲《答案在风中飘扬》

一个男人要经历过多少事,才能成为真正的男子汉?

这个问题,高适会给你一个很好的答案。

唐玄宗天宝六年(747年)冬,在河南商丘睢阳一处酒家,高适和好友董庭兰点了两杯米酒、一盘花生,聊了好久好久,时而兴高采烈,时而惆怅哀伤,从中午聊到黄昏,两杯酒依然没喝完,花生倒是换了十几盘。

老板心里默默吐槽:"救命啊,这么抠就别请客了好吗?"

大雪纷飞,眼看天色已晚,老板已经忍不住打哈欠,终于硬着头皮上前。

"不好意思啊！两位客人，今天雪大，本店要提前打烊了，你们谁把单买一下？"

沉默，沉默是今晚的睢阳。

两人都囊中羞涩。时日艰辛，以为对方至少有请喝酒的钱，贴心地没有多点菜，孰料此刻方知，朋友跟自己一样穷。

高适爽朗大笑："丈夫贫贱应未足，今日相逢无酒钱。老板，老规矩，赊着，将来一并奉还。"

老板灵机一动："不用不用，我知道您是知名诗人，要不写首诗给小店做宣传，今天我请了。"

"我去，不早说，那再上两壶酒，外加一只烧鸡，饿死我了。拿笔墨来！"

"好嘞！"

于是乎，望着飞雪背景下董大忧伤的脸庞，高适提笔写下千古名篇《别董大》。

别董大

其一

千里黄云白日曛，北风吹雁雪纷纷。
莫愁前路无知己，天下谁人不识君？

其二

六翮飘飖私自怜，一离京洛十余年。

丈夫贫贱应未足，今日相逢无酒钱。

"怎么样，这两首诗够一顿酒钱了吧？"

"够够够，这也太够了，您以后就是本店的贵宾，酒水终生免费！'莫愁前路无知己，天下谁人不识君？'有您亲手写的这两句诗放在店里，我子孙后代都够吃了。"

最后，高适举起酒杯敬董大：

人到中年，有太多身不由己，现实的变幻无常压得我们喘不过气，常常恐惧人生就这样了，失去年少时的热血与勇气。喝完这杯酒，希望你不要再唉声叹气，不要再说那些自暴自弃的话，什么"我的命不好，苍天不公"之类的丧气话。生活可以捶打我们一千次一万次，只要还能爬起来，就依然有翻盘的机会。乾坤未定，你我都是黑马。

此时四十三岁的高适，虽然连请好友喝酒的钱都拿不出来，却给了董大最需要的东西——面对生活的勇气。希望之有无，从来都是自己争取来的，而非靠天、靠人恩赐。

高适就像海明威笔下《老人与海》中的老渔夫，面对一次次失望与打击，总是用强悍的精神应对，永不言弃——只要活着，只要我还活着，一切都还不是最终的答案，生命就是一场持续不断的战斗！

高适根正苗红，骨子里流淌着战士的血。

他的爷爷高侃是唐高宗时期的名将，曾经生擒突厥可汗，参与平定高句丽叛乱，死后获赠左武卫大将军。然而世事难料，如此将门之后，却因年少时父亲过世，随后家庭遭遇了许多变故，日子是越过越差，竟然沦落到一度"加入丐帮"，枕石漱流风餐露宿，流浪江湖乞讨为生。

对此高适表示："莫欺少年穷，不坠凌云志。我将来一定会发达的！"

二十岁的时候，从小饱读诗书的高适信心满满地背着书、携着剑来到长安，准备报名考科举，畅想着美好未来。

别韦参军（节选）

二十解书剑，西游长安城。
举头望君门，屈指取公卿。

没想到，到了长安才发现自己啥也不是，这里才子多得塞满了旅馆酒肆，个个都出口成章、文采斐然，相比之下自己那点才华完全不够看。高适备受打击地离开了长安，准备好好复习提高自身水平，这一复习就是八年。

高适在睢阳一带的山里搭建茅草棚，过着自耕自种的农夫生活，每天锻炼身体，读书不辍，诗也写得越来越好。

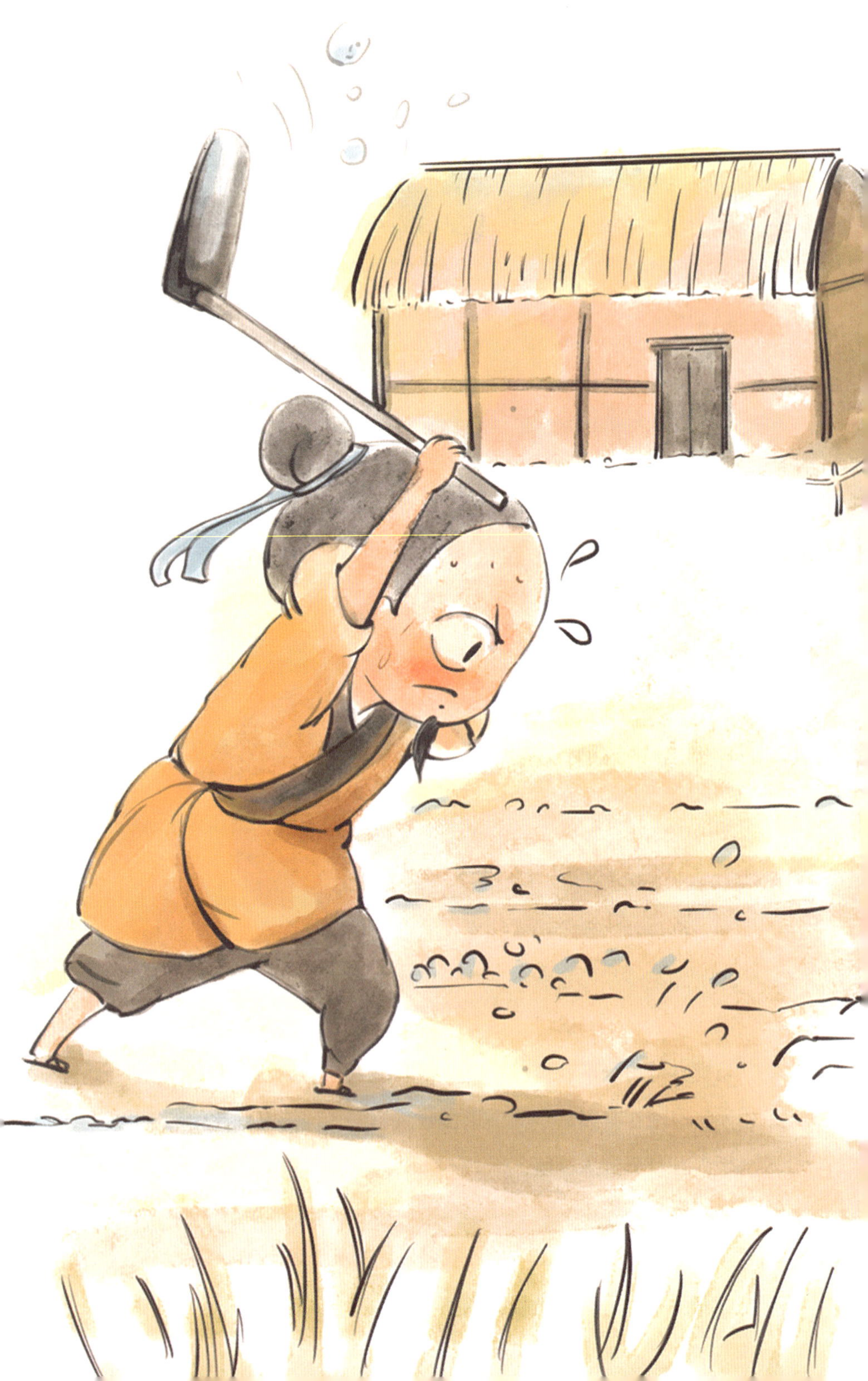

种地的日子里,高适一直希望出人头地,并以"高阳酒徒"自称。"高阳酒徒"指的是楚汉争霸时期刘邦的谋士郦食其,年轻的高适不安于混日子,渴望着遇到能够赏识自己的贵人。

田家春望

出门何所见,春色满平芜。
可叹无知己,高阳一酒徒。

八年之后,高适仔细琢磨了一下进士的录取率,认为自己考取功名的机会渺茫,没有贵人推荐,考又考不过人家,于是另辟蹊径,决定去边疆磨炼磨炼。

二十八岁时,高适经朋友介绍前往东北,在幽州节度使张守珪的幕府里写军事报道,同时开启了他作为边塞诗人的生涯。代表作《蓟门五首》和《燕歌行》等就是在这个时期创作的。顺带一提,当时安禄山就在张守珪麾下,还是张守珪的义子。高适和安禄山年纪差不多,也不知当时两个人有没有交集。

燕歌行（节选）

汉家烟尘在东北，汉将辞家破残贼。
男儿本自重横行，天子非常赐颜色。
摐金伐鼓下榆关，旌旆逶迤碣石间。
校尉羽书飞瀚海，单于猎火照狼山。
山川萧条极边土，胡骑凭陵杂风雨。
战士军前半死生，美人帐下犹歌舞。
大漠穷秋塞草腓，孤城落日斗兵稀。

这些诗也奠定了高适在大唐诗坛的地位，让他得以和另外三位边塞诗人合称"四大边塞诗人"。然而，由于看不惯上司张守珪军中"美人帐下犹歌舞"的行为，高适又回到长安想博一博科举，果然落第。之后他回去继续种田，种着种着想出去走走，结果一发不可收拾，开启了驴友生涯，走遍了大半个中国。

我要从南走到北，我还要从白走到黑，我要人们都看到我，但不知道我是谁。

——歌曲《假行僧》

旅游过程中，高适写的诗逐渐出名，每完成一首就"登上热搜",他这种硬核彪悍的猛男文风受到了不少人的热烈喜爱,纷纷想效仿他浪迹天涯。

就这么晃荡到四十岁,高适还是求仕无门,可他依然心态很好:"莫欺中年穷嘛,人生的路还长着呢!"

此时的他在浪迹天涯的过程中偶遇了杜甫和李白,三人志趣相投,相谈甚欢,于是结伴共同游荡。彼时的李白早已誉满天下,享有诗仙之名;杜甫也不像晚年那么悲苦,过着裘马轻车的潇洒生活;唯有高适,三十年河东三十年河西,他还是一样的穷。一路上都是李白和杜甫买单消费,带着高适一块儿玩。

二十年以后,当杜甫因饥饿、李白因醉酒,皆在失意中郁郁而死,六十岁的高适却奋斗到了人生的巅峰——封侯。

命运的无常与神奇,在三人交会那一刻,写下了伏笔。

大唐天宝三年(744年)四月,彼时还青涩的杜甫诗坛名气尚不大,还是个一心追星的文艺男青年。他追的星,是大唐最璀璨的太白金星——诗仙李白。

经过漫长的调查与等候,杜甫终于得到一个接触偶像的机会,他在洛阳第一次见到李白便惊为天人,满足了多年来的夙愿,开心得不断掐自己的脸,生怕是梦会醒来。此后余生他都念念不忘,在诗中频繁提及李白,称赞不已。

当时的李白刚被唐玄宗辞退,领了好大一笔失业补助金

（赐金放还），想去游山玩水散散心，正好缺个伴，于是相差十一岁的两位大诗人结伴同游，四处游荡，其间碰到了住在宋城（今河南商丘睢阳）一带的高适。三个人喝着喝着发现彼此都很投缘，于是开始三人游，继续到处游荡。

后来历尽沧桑的诗圣回忆起这段往事，嘴角都会浮现出怀念的笑容，那是杜甫一生中最快乐的时光，此后便是一路跌宕起伏："忆与高李辈，论交入酒垆。两公壮藻思，得我声敷腴。"（《遣怀》）

游荡了大半年之后三人各自踏上人生路，此去一别竟是沧海桑田，世事巨变。安史之乱爆发后，所有人的命运都发生了天翻地覆的改变：李白隐居庐山避难，写下了小学必背古诗《望庐山瀑布》；杜甫前往成都生活，郁郁不得志，日渐穷困潦倒；高适却越挫越勇，终于听到自己身体里战士本能的呼唤，前往军营另辟一番天地。

年近五十的高适投奔凉州的河西节度使哥舒翰，终于得到了赏识和重用，在战场上立下赫赫战功，成了一个老骥伏枥、能文能武的超级猛男。

安史之乱爆发后，高适也跟随哥舒翰一同镇守潼关，之后由于唐玄宗的昏聩操作导致潼关失守，又保护唐玄宗逃往蜀中，得到了唐玄宗的信赖与赏识，一路升官不止。

十三年后的大唐至德二年（757年），唐玄宗的十六子永王李璘攻打广陵（今扬州），杀死丹徒太守闫敬之，引发舆论风波，举国震惊。

"这是赤裸裸的分裂朝廷行为，决不姑息！勿谓言之不预也！"皇帝唐肃宗和太上皇唐玄宗对此都怒不可遏，下达最高指令征讨，令称永王人人得而诛之。

唐肃宗当即封高适为淮南节度使，统辖广陵等十二郡，率军前去平定永王叛乱。一年不到，叛乱平定，高适在战俘名单中看到了一个熟悉的名字——李白。

高适回想起十三年前的那个盛夏，他与杜甫、李白结伴遨游、寻仙问道的快乐往事，遥远得仿佛上辈子。

"都过去这么多年了，李白在政治上还是如此幼稚，他真是个长不大的少年郎！"高适感慨。

此去经年，当年意气风发的诗仙成了从逆的阶下囚，而当初那个蓬头垢面的流浪汉，却成了手握大权的节度使。命运哪……

此时在唐肃宗身边担任左拾遗的杜甫担心李白的安危，不断为李白辩解，希望皇帝从轻发落。

唐肃宗："有啥好说的？他写了整整十一首《永王东巡歌》，难道是别人逼迫他的？人证物证齐全，谁再多言，绝不轻饶。"

杜甫一再坚持，导致皇帝日发厌恶。

高适冷眼旁观，从头到尾什么都没说，仿佛完全不认识李白这个人似的，等到唐肃宗问他，也只是有理有据地分析了一下永王必败的种种因素，顿时赢得唐肃宗好感，被钦点为统帅。

退朝后，杜甫急切地问高适："哥，你会救李白的，对吗？"

"子美啊，清醒点吧，你越为李白说话，他只会死得越快。你怎么就不懂其中的道理呢？"

杜甫愣在原地，思忖良久依然不懂，后来为救房琯还是不断地为他说话，彻底不受唐肃宗待见了。

他不会告诉杜甫，正是因为永王的叛乱，睢阳被围困十个月之久无法得到援救，最终出现人吃人的惨剧，而睢阳，正是高适的老家，那里有他的家人、朋友，如今他们跟谁说理去？他知道以李白的性子想不了那么多，所以不去恨李白从逆已经是最大的克制。

被俘之后，李白本已万念俱灰，以为必死无疑，但想起当初一同遨游的好兄弟高适如今是位高权重的节度使，又燃起生机，写信求救："……英谋信奇绝，夫子扬清芬。胡月入紫微，三光乱天文。高公镇淮海，谈笑却妖氛。……"（《送张秀才谒高中丞》）

诗中对高适尽是溢美之词，责怪自己愚昧无知，犯下如此重罪，还望他看在当初同游的交情上，出手相救。

高适收到信，却没有回复，什么表示都没有。

在狱中迟迟没有等来高适回信的李白彻底绝望了——物是

人非事事休,真是"路遥知马力,日久见人心"啊!好你个高适,当初我对你那么慷慨大方,一路请客,如今我落难了,你却对我爱搭不理,把我当作路边的野狗?我真是瞎了眼,啊呸!

高适似乎什么都没做,可李白的死罪还是免了,只是流放到夜郎。李白认为这都是自己福大命大,心中对高适只有恨,就此恩断义绝,并且销毁了所有提到过高适的诗作,只留下一篇意有所指的《君马黄》,指责高适不仗义:"……君马黄,我马白。马色虽不同,人心本无隔。共作游冶盘,双行洛阳陌。长剑既照曜,高冠何赫赫。各有千金裘,俱为五侯客。猛虎落陷阱,壮夫时屈厄。相知在急难,独好亦何益。……"

高适不要求他人感谢,也不在乎别人憎恨。他只会默默做事,至于别人怎么想,他不关心,也不在乎。

> How many times can a man turn his head
> 一个人可以回首多少次
>
> And pretend that he just doesn't see?
> 只是假装他没有看到?
>
> The answer, my friend, is blowing in the wind.
> 朋友,答案在风中飘荡。
>
> ——歌曲《答案在风中飘扬》

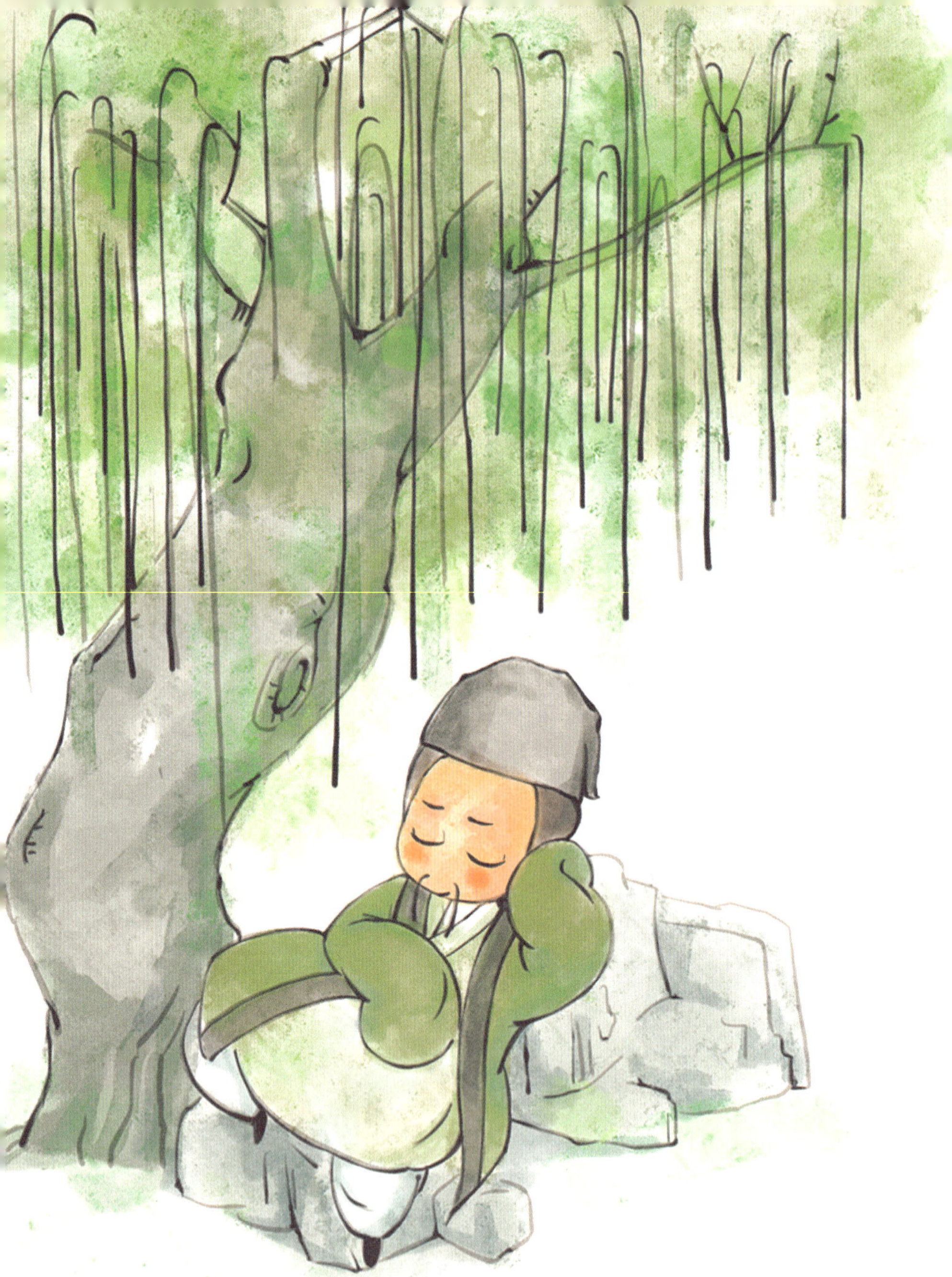

苏轼

人人都爱苏子瞻

北宋元丰二年，即公元 1079 年，腊月，北宋王朝最高司法机关——御史台的监狱中，已经被关押了百余日的苏轼瑟瑟发抖地搓着手，望着窗外鹅毛般的大雪，肚子饿得"咕咕"叫，心想怎么儿子还没来送饭。

狱卒大哥过来敲门，提醒苏轼："送饭的来了，老规矩，不要说话。"

往常来送饭的都是苏轼的长子苏迈，今天却换成了苏迈的一个好友，这让苏轼顿时心生不妙。

两人没有对话，苏轼满腹狐疑地接过饭盒，忐忑地打开一看，差点吓得魂儿飞出去。

饭盒里面竟然有一条红烧鱼！我命休矣！

原来苏轼入狱前曾经跟儿子约定好："如果哪天在外面打听到皇帝要杀我的消息，就在送饭的时候加个菜——一条鱼，让我好有心理准备。"

被关了三个多月，苏轼以为皇帝的怒气差不多该消了，早晚会把自己放出去，可没想到这一天终于还是来了，来得这么突然。

这一晚，身为吃货的苏轼一点胃口都没有，肚子都在颤抖，心如死灰，彻夜难眠，想到自己一时心直口快写的诗词，竟然会导致这么严重的后果，真是悔不当初。

绝望之下，他恳求狱卒大哥给他纸笔写下遗书，留给最亲爱的弟弟苏辙。

狱中寄子由二首·其一

圣主如天万物春，小臣愚暗自亡身。
百年未满先偿债，十口无归更累人。
是处青山可埋骨，他年夜雨独伤神。
与君世世为兄弟，更结来生未了因。

老弟子由啊，你哥就要死啦。这都怪你哥生来心直口快，嘴巴没有把门，得罪了圣上是我活该啊。今生跟你做兄弟辛苦你老是照顾大哥了，来生我们继续做兄弟，这次换我来当弟弟吧！

苏辙接到大哥的书信，打开看完大吃一惊："来世我当大哥，不还是我来照顾你吗？"

苏辙性情稳重内敛，和他哥哥正好相反，长期以来苏辙更像大哥，在情感和生活等方方面面照顾着苏轼，自从苏轼入狱，他的家人也都是苏辙在照料。苏辙读完书信，紧张得汗如雨下，没想到事情会这么严重，连忙给皇帝上书陈言，请求用自己的官职为老哥免去死罪，可始终杳无音信。正在苏辙找人上下打点之时，苏轼的好人缘发挥了作用，就连昔日政敌变法派老大王安石都说情，劝宋神宗说不至于不至于，再加上皇帝的老妈高太后是苏轼的粉丝，也劝儿子："放了吧。"正在犹豫的皇帝见到狱卒送来的苏轼的绝笔诗，颇为感动，最终苏轼死里逃生。

苏辙接出大难不死吓得瘦了一大圈的苏轼，难得地调侃道："哥，你当时写绝笔信的时候是什么心情？"苏轼苦笑道："别提了子由，我差点就被一条鱼活活吓死！"

随后，苏轼被贬黄州，做一份没有工资的虚职——团练副使，开启他真正升华成苏东坡的人生新旅程。

临江仙·送钱穆父（节选）

人生如逆旅，我亦是行人。

乌台诗案事发之前，苏轼的官场之路正处于上升期，粉丝遍布天下，辽国、西夏都有他的粉丝群，就连宋仁宗、宋英宗、宋神宗三朝的皇后都为他站台，实打实的大宋第一巨星、全民偶像。他先后做过杭州太守、杭州通判、密州太守、徐州太守、湖州太守，不过面对王安石等人激进的变法改革主张，苏轼坚决不赞同，还在诗词里阴阳怪气，甚至暗暗指责皇帝不行。这就落人口实了，被变法派的小人诬陷，说他反革命，阴阳领导，导致他仕途尽毁，锒铛入狱。

他曾经笑着对弟弟子由说："吾上可陪玉皇大帝，下可陪卑田院[1]乞儿。眼前见天下无一个不好人。"

出狱后的洗尘晚宴，苏辙忍不住问："哥，现在你还觉得天下没一个不是好人吗？"

苏轼大快朵颐地嚼着食物喝着酒，爽朗地说道："对呀，都是好人，不然我怎么还活着？"

苏辙看着这个永远乐观开朗，如同赤子少年的大哥，嘴角扬起一抹会心的微笑。

出狱后的苏轼，迎来了漫长的贬谪生涯。

刚到黄州的时候，他每天无所事事，没有收入，也没有像样的住处，寂寞沙洲冷，不知这种日子何时到头，连向来乐观的他也开始忧愁不安起来。

苏轼的"全国粉丝会会长"兼苏轼好友马梦得听说之后，

---

[1] 卑田院：即"悲田院"，原为古代佛寺救济贫民的场所，后泛指乞丐收容所。

赶往黄州帮偶像申请了一块官方废弃的荒地，让苏轼可以种点东西养活自己，渡过眼下的难关。你可能会问，那干吗不直接送钱？因为马梦得也很穷，苏轼曾经在日记里调侃他说："我和梦得同年同月出生，他比我小八天，看来这个时期生的人都是穷人，而我和梦得是穷鬼中的佼佼者，据我观察，梦得应该是穷鬼冠军。"

马梦得同岁

> 马梦得与仆同岁月生，少仆八日。是岁生者，无富贵人，而仆与梦得为穷之冠。即吾二人而观之，当推梦得为首。

梦得听了后反而很高兴，欢呼雀跃，说："这是偶像写给我的文章！好耶！"

苏轼喜欢一个人的方式，就是幽默调侃，嘴巴越损，说明关系越好，就像当年在杭州的时候没少跟和尚佛印斗嘴互损。话说佛印听说苏轼被贬黄州，也搬迁到庐山，经常过来找他练习辩论。苏轼另外一个好友陈季常特别仗义，听说苏轼被贬，带着好吃的千里迢迢赶往黄州看望苏轼，临走还偷偷塞了钱，如此有七八次之多。苏轼却笑道："季常哥哥，你老是过来看我，你老婆知道吗？嫂子要是知道了不会生气吧？我可知道你特别怕老婆呢！"

陈季常就是著名的故事"河东狮吼"中主人公的原型，以前苏轼在陈季常家喝酒闲聊得太晚，往往会忽然听到他老婆一声咆哮怒吼："喝喝喝，喝你个头啊！明天不用上班啊？"吓得陈季常浑身一哆嗦，瞬间酒醒，手中的拐杖都惊掉了。之后苏轼写诗戏称陈季常老婆是"河东狮吼"，没少拿这事调侃他。

寄吴德仁兼简陈季常（节选）

龙丘居士亦可怜，谈空说有夜不眠。
忽闻河东狮子吼，拄杖落手心茫然。

苏轼在黄州开垦荒地，化身农民也自得其乐，给这片土地取了个名字叫"东坡"，从此自称"东坡居士"，越来越多的人也开始这么称呼他。

苏轼出生于四川眉山，年少成名，二十一岁就考中了进士第二名，得到主考官欧阳修的高度赞扬。欧阳修反复读着苏轼的高考作文，对里面不知其详的典故，虚心求教苏轼，出自哪本书，结果苏轼哈哈大笑说："抱歉啦，是我自己编的。呵呵。"欧阳修抚须大笑："真有你的苏轼。对了，我也有件抱歉的事，其实你本来应该是第一名，可我以为文章写得这么好的八成是我的弟子曾巩，为了避嫌我才把你列为第二名，对不起啦！"苏轼听完脸上笑嘻嘻，心里翻白眼。

宋仁宗甚至认为苏轼、苏辙两人都是宰相之才，是可为子孙后代谋社稷的栋梁之材。这下苏家两兄弟顿时声名鹊起，成了家乡的骄傲，到处都是捧他和恭维他的粉丝。当地人甚至说"眉山出三苏，草木皆尽枯"，赞美苏家父子三人的才气占尽了眉山的灵气，导致草木都枯了。

从那之后苏轼难免恃才傲物，行走在市井之中，到处都有路人交头接耳，眼中都是惊喜，人人都以结识苏轼为荣。遇到的官场人士也都对他彬彬有礼，饱含热情，以至于他当年在陈季常老爹手下做公务员的时候，没少狂妄自大，给上司脸色看，甚至还有了一个习惯——写诗讽刺人，这为乌台诗案埋下了命运般的伏笔。被贬黄州后，苏轼终于意识到，自己这辈子不是为了吃的忙活，就是因这张嘴说的话而被折腾。总之，祸从口出。

初到黄州

自笑平生为口忙，老来事业转荒唐。
长江绕郭知鱼美，好竹连山觉笋香。
逐客不妨员外置，诗人例作水曹郎。
只惭无补丝毫事，尚费官家压酒囊。

如今经过监狱里上百天的精神和肉体折磨,虽然死里逃生,可前途尽毁,贬谪远方,生死未卜,以前那些套近乎的人都刻意疏远,让他这个天之骄子见识到了世态炎凉。这让苏轼很难过,时常借酒消愁到很晚,醉醺醺地回家,结果敲门都没仆人来开,只能来到江边发呆。

临江仙·夜饮东坡醒复醉

夜饮东坡醒复醉,归来仿佛三更。家童鼻息已雷鸣。敲门都不应,倚杖听江声。

长恨此身非我有,何时忘却营营?夜阑风静縠纹平。小舟从此逝,江海寄余生。

苏轼硬着头皮前往贬谪地黄州,起初依然是借酒消愁。附近的百姓们都不认识苏轼,只把他当作一个寻常外地人,甚至在小酒馆喝酒的时候还经常有人对他言语不客气。苏轼一开始很不习惯,从高高在上的天之骄子,到如今无权无势一文不值,只能时常去黄州城外的赤壁山散心,顺便写下了如今学生必背的名篇《赤壁赋》《后赤壁赋》和《念奴娇·赤壁怀古》等。

念奴娇·赤壁怀古

大江东去,浪淘尽,千古风流人物。故垒西边,人道是,三国周郎赤壁。乱石穿空,惊涛拍岸,卷起千堆雪。江山如画,一时多少豪杰。

遥想公瑾当年,小乔初嫁了,雄姿英发。羽扇纶巾,谈笑间,樯橹灰飞烟灭。故国神游,多情应笑我,早生华发。人生如梦,一樽还酹江月。

世事一场大梦,人生几度秋凉,既然大家都是天地之间的过客,又何必将自己看得太过重要呢?反正该发生的事情已经发生了,该怎么面对才是自己能够决定的,心态决定幸福与否。

渐渐地,苏轼领悟到,这才是生活的真相,以前自己张扬是不懂老天爷对自己的厚爱而骄傲自满,待人处世无形之中已有高人一等的跋扈,如今落入人生的逆境,正是潜心打磨心性的好时机。想开之后,苏轼整个人脱胎换骨,从之后的《定风波》可以看出,我们熟悉的那个苏东坡,涅槃重生了。

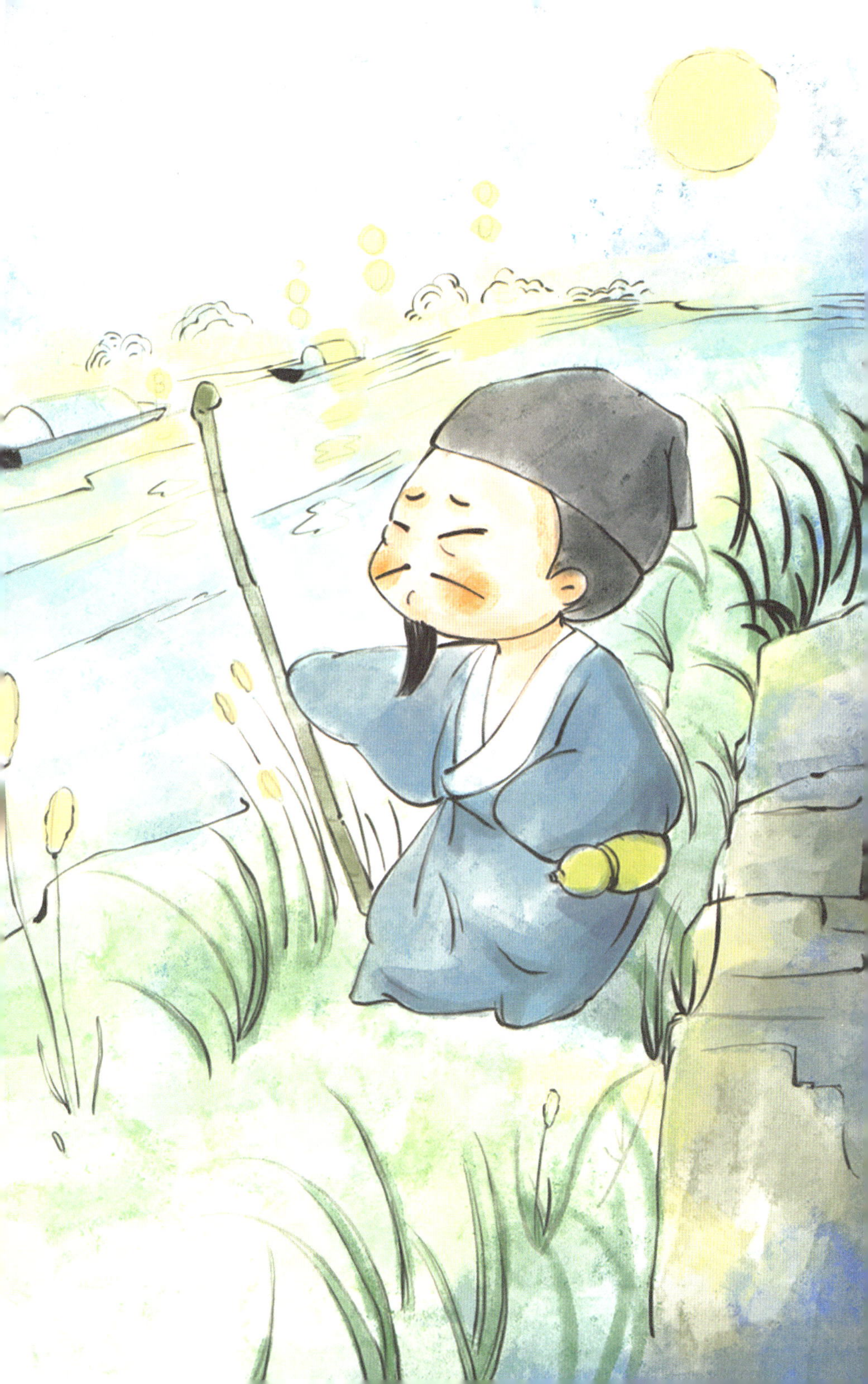

定风波

莫听穿林打叶声，何妨吟啸且徐行。竹杖芒鞋轻胜马，谁怕？一蓑烟雨任平生。

料峭春风吹酒醒，微冷，山头斜照却相迎。回首向来萧瑟处，归去，也无风雨也无晴。

写这首词的时候苏轼为了痛快，没撑伞、没躲雨，潇洒是潇洒，回去之后还是感冒了。

想开之后，世上最可爱的苏东坡终于恢复了乐观豁达的本色，而且涤净了以往的官场习气，彻底和老百姓打成一片，没有了分别心。他虚心向附近的农民请教如何种地，向铁匠请教如何打铁，问酒家如何酿酒，寻找木匠和瓦匠学习盖房子，每天琢磨如何做菜更好吃，忙得不亦乐乎，把以前没机会开发的技能点全都点亮，其中最广为人知的，就是下厨这一技能。鼎鼎大名的东坡肉，就是他在这个时候发明出来的。黄州的猪肉很便宜，苏轼就研究怎么做猪肉更好吃、更下饭，还为此写了有趣的《猪肉赋》，是我国有史以来第一个给猪肉写赋的文人。这么一来，当地人吃过东坡肉的都说好，引领了吃猪肉的风潮。

苏轼自食其力，自己种地自己收割，自己做饭乃至自己盖房子，从以前养尊处优的老爷转变成了一个身强体壮的山野村夫,心情却比以前更好了,写下《东坡八首》记录这段田园时光。几年间,他在东坡边上还盖了几间简陋小屋子,取了一个文雅的名字——雪堂。

感觉小日子过得不错,苏轼给朋友写信嘚瑟起来:

> 某现在东坡种稻,劳苦之中亦自有其乐。有屋五间,果菜十数畦,桑百余本。身耕妻蚕,聊以卒岁也。

种地其实也很有乐趣呢,我现在有屋又有田,纯有机无污染的绿色食品了解一下?朋友收到信不禁莞尔——这小子明明被贬,怎么过得跟去度假一样自在?

在雪堂,苏轼的书法也更上一层楼,写出了天下第三大行书《寒食帖》。"空庖煮寒菜,破灶烧湿苇",这样的生活看起来清贫,却也"人间有味是清欢"啊!

朝廷中那些人本以为他该受贬谪生活的折磨,他反倒越过越有滋味,成天笑呵呵。

苏轼是真的爱"呵呵",他不仅爱笑,还喜欢在和友人的书信中频繁使用"呵呵",可谓如今网络呵呵党的祖师爷了。

比如在写给陈季常的信中道:

"一枕无碍睡,辄亦得之耳。公无多奈我何,呵呵。"

陈季常仿佛通过书信就可以看到苏轼熟悉的憨厚笑脸。

苏轼有一个表兄叫文同,字与可,特别喜欢吃竹笋,结果朝廷刚好调任他到了一个盛产竹笋的地方,苏轼听说后就写信打趣,洋洋洒洒调侃了一通,结尾说"料得清贫馋太守,渭川千亩在胸中"。意思是——哎呀,表哥我可羡慕你了,你虽然穷,可现在有口福啦,千亩竹笋随便你吃,别吃太撑哦,呵呵。

更有意思的是,苏轼表哥文同读信那天正好在吃烧竹笋,看完信忍俊不禁,捧腹大笑,嘴里的饭都喷了满桌子。

"我这苏轼表弟啊,真是个人间活宝。"文同笑着对老婆说。

"我看你也是个活宝。"

(故事出自苏轼写给文同的《文与可画筼筜谷偃竹记》。)

在黄州的日子过得有滋有味,苏轼认识了一个同样被贬到黄州的新朋友——张怀民。同是天涯沦落人,相逢何必曾相识。相同的遭遇让两人很快成为好友,时常相约散步喝酒,悄悄说点变法派的坏话,呵呵。

张怀民没个正经住处,只能暂住在黄州郊外的承天寺,每次苏轼想念怀民,就会乘兴去找他。

苏轼著名的《记承天寺夜游》中,就记载了半夜去找怀民的一次经历。说是苏轼脱了衣服正要睡,见到窗外月色真好,忽然就想怀民了,立刻穿上衣服跑向承天寺,就是现在,想见怀民,非常想!

怀民估计早就睡了,被一阵敲门声惊醒。

"怀民,怀民,张怀民!开门哪,我知道你在家!"

张怀民一脸蒙圈地起身,睡眼惺忪地打开门,见到一脸兴奋的苏轼。

"你看!我就知道怀民你也睡不着,这不是巧了吗?!"

"呃……苏兄什么事这么急?"

"我就是觉得今晚月色好美啊,跟我一起散步赏月吧!反正你也没睡!"

张怀民努力控制自己想打人的手,嘴角抽搐:"我忽然理解你这么有才,为什么还会被贬了。"

记承天寺夜游

元丰六年十月十二日夜,解衣欲睡,月色入户,欣然起行。念无与为乐者,遂至承天寺寻张怀民。怀民亦未寝,相与步于中庭。庭下如积水空明,水中藻、荇交横,盖竹柏影也。何夜无月?何处无竹柏?但少闲人如吾两人者耳。

几个月后,张怀民在住处附近盖了一座亭子,邀请苏轼来做客,喝喝小酒。苏轼见到这座新亭子非常高兴,高兴得手舞足蹈,让张怀民很是意外。

"苏兄为何这么高兴啊？"

"想不到怀民你这么有心，还特意为我盖了一座亭子，我真的很喜欢，就叫快哉亭吧！"

"啊这……"

张怀民目瞪口呆，心想：苏轼你的脑回路到底是怎么长的？你从哪里听出来这个亭子是为你建的？不过看着对方孩童般无邪的笑脸，张怀民也莫名开心起来，不由自主地点点头道："可不是吗，特意为你建的，以后就叫快哉亭吧。"

"有你这么用心的好朋友，我可真有福气。"

"是啊，有你这样的朋友，我也是真服气。"

苏轼可爱的事可实在太多了，哪怕之后的人生一直被贬，他也能苦中作乐，寻找生活中的乐趣。光是他发明或推广的美食，就有许多流传至今——东坡肉、东坡饼、东坡羹、东坡鱼等。

贬到惠州——"罗浮山下四时春，卢橘杨梅次第新。日啖荔枝三百颗，不辞长作岭南人。"

天天可以吃荔枝，在北方想吃都吃不到呢，好耶！

贬到儋州——"冬至前二日，海蛮献耗，剖之得数升肉。与浆入水，与酒并煮，食之甚美，未之有也。"

天天可以吃生蚝，写信告诉儿子，千万不要告诉其他当官的生蚝有多好吃，担心他们为了吃到美味的生蚝，都争着要主动申请贬谪到海南来。

当然，苏轼不只是到处觅食，寻找美味，他每到一个地方，只要有能力都会为当地做出贡献。他在杭州时建设的苏堤沿用至今，还开办了宋朝的第一家公立医院——安乐坊，解决百姓看病难的问题，并且捐出了自己的全部存款五十两黄金；在徐州时抗洪抢险，保护彭城百姓安危；在定州时整治军队纪律，整修营房，巩固海防；在海南办书院，教化黎民百姓，让海南后来出了宋朝第一个进士，海南人民至今纪念他，海口、儋州都有东坡书院。

他真正做到了"达则兼济天下，穷则独善其身"，哪怕不如意，也以一颗孩子般纯真的心迎接命运的安排。人生后半生屡遭贬谪，苏轼都已经产生精神免疫抗体了，每次接到贬谪的圣旨，仿佛接到旅游通知单一样，轻车熟路地就出发了，然后调查要去的地方有什么新的美食和风景，想想都有点兴奋了呢。

自题金山画像

心似已灰之木，身如不系之舟。
问汝平生功业，黄州惠州儋州。

调侃归调侃，苏轼的许多经历都是很艰苦的——老来多病、与亲人分别……只是面对人生的磨难，他更愿意用豁达的笑容去面对，这已经令人无比敬仰了。

每到中秋，我们都会想起他那经久不衰的千古名篇——

水调歌头

明月几时有？把酒问青天。不知天上宫阙，今夕是何年。我欲乘风归去，又恐琼楼玉宇，高处不胜寒。起舞弄清影，何似在人间。

转朱阁，低绮户，照无眠。不应有恨，何事长向别时圆？人有悲欢离合，月有阴晴圆缺，此事古难全。但愿人长久，千里共婵娟。

这么可爱的苏轼，难怪人人都爱他。

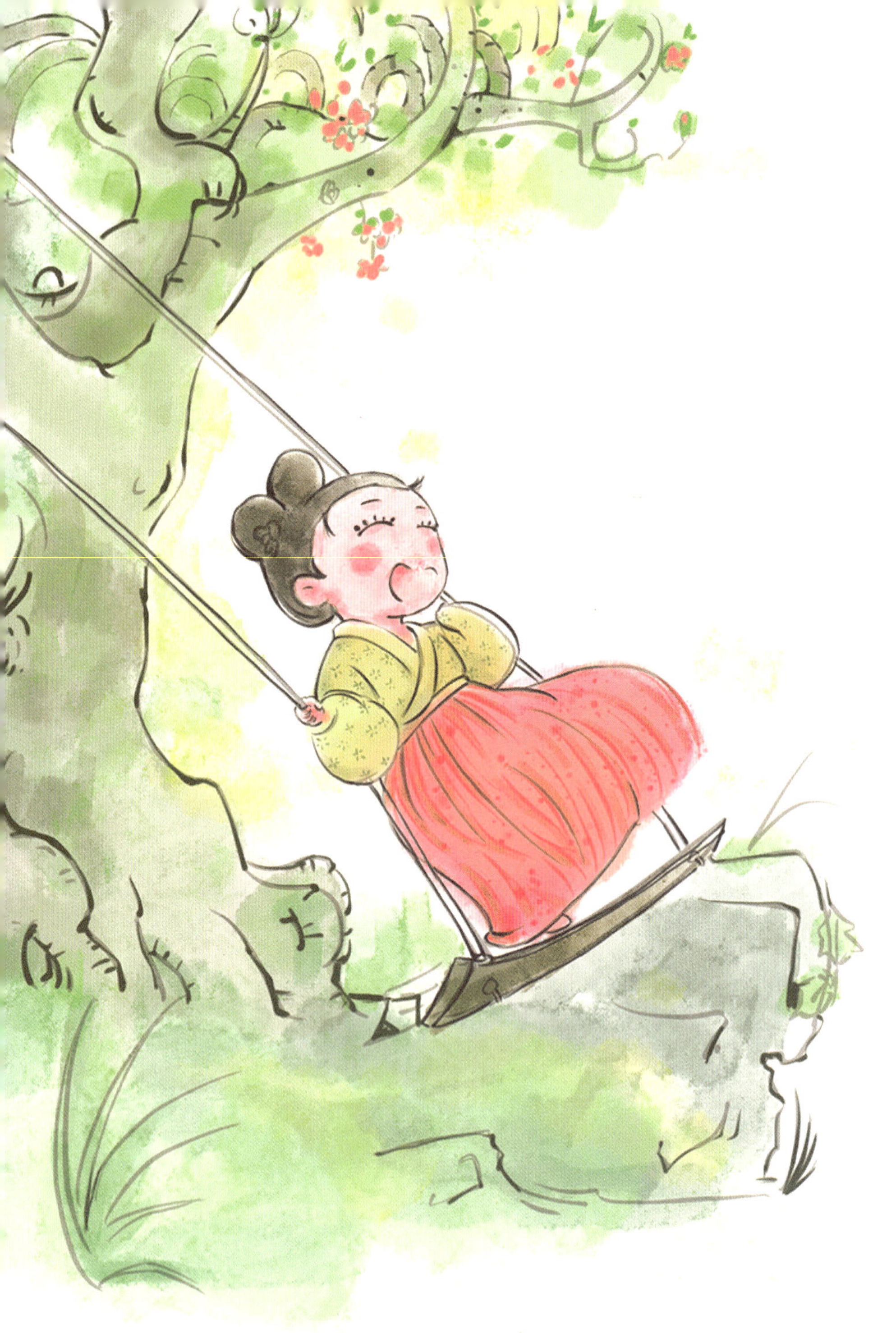

李清照

古代才女第一人

宋徽宗建中靖国元年（1101年）春，一个阳光明媚的好日子，汴京城办喜事的人不少，其中最春风得意的新郎，就属赵明诚了。

结婚这天，赵明诚笑得那叫一个灿烂，迎亲队伍去接新娘的路上，满城的男青年都对他投来嫉妒的目光。

"女神啊，我们的女神啊，就这么被这臭小子娶走了！"

"我们反对这门婚事！"

"人家才子佳人神仙眷侣，轮得到你们这些妖怪反对？"

人群七嘴八舌，有的祝福，有的羡慕，更多的是男青年们溢于言表的失落。他们的女神，正是十六岁就以一首《如梦令》震惊大宋词坛，才貌双绝的文坛新星——李清照。一句"知否，知否？应是绿肥红瘦"火了近千年，还成了某热门电视剧的名字，这可是人家十六岁就写出来的千古名句。能娶到这样的媳妇，岂不是祖坟冒青烟？也难怪赵明诚笑得眼睛都看不见喽。

如梦令

　　昨夜雨疏风骤，浓睡不消残酒。试问卷帘人，却道海棠依旧。知否，知否？应是绿肥红瘦。

　　赵明诚的父亲吏部侍郎赵挺之和李清照的父亲礼部员外郎李格非，本属不同党派，政见不合，但对于这桩婚事，两位长辈却都相当满意。

　　赵明诚，典型的山东小伙，浓眉大眼一表人才，又在最高学府太学院就读，前途无量，是老丈人和丈母娘最喜欢的那种女婿。顺带一提，赵明诚有个表弟叫张择端，就是画《清明上河图》那位。

　　赵家更不必说，能娶到李清照做儿媳，自是喜上眉梢。

　　新婚夜，新郎赵明诚揭开佳人的红盖头，见明艳娇美的新娘李清照低头娇羞，美如芙蓉锦绣，竟不由得痴住。

　　他想起年少时两人初见，她也是如此羞红了脸。

　　这世上的真话本就不多，一个少女的脸红，远胜过诸多言语。

　　"还记得我们第一次见面吗？当时你也是这样的表情，像个白痴。"李清照笑着提起往事。

　　赵明诚挠头傻笑着说："当时我就在想，这个姑娘将来要是我老婆就好啦。"

"哼,让你这个白痴得逞了。"

她不仅牢记在心,还把初见写进了词里。

点绛唇

蹴罢秋千,起来慵整纤纤手。露浓花瘦,薄汗轻衣透。见客入来,袜刬金钗溜。和羞走,倚门回首,却把青梅嗅。

李清照跟赵明诚一样,老家都是山东的,因为父亲工作的关系才年少搬到首都。

那天,赵挺之带着少年赵明诚来李格非家拜访,赵明诚好奇地四处闲逛,无意中撞见一个花精灵般玉软花柔、灵动轻盈的少女在院子里荡秋千,薄衫轻衣随着秋千迎风摆动,透着一股何似在人间的缥缈仙气。少年看傻了,以为自己误入了神仙苗圃,傻不愣登地盯着少女发痴。

少女在家里穿着轻薄衣衫,自由烂漫,忽然见到不知从哪儿冒出来的俊朗少年,顿时羞红了脸,慌慌张张地跑向屋里,紧张得头上的金钗都掉落在地上。逃回屋里后,心"怦怦"地跳个不停,偷偷从门后边露出半颗小脑袋,观望那个茫然呆傻的少年,又想掩饰自己的偷看,随手拿过一枝青梅遮挡脸上的红晕，欲盖弥彰。年少初见怦然心动，已是缘分天注定。

李清照的前半生，美好得像童话。生在书香门第，爹疼娘爱，颜值才华都过人，琴棋书画人中凤，老公又是自己一见钟情的英俊少年郎，属实是玛丽苏小说女主本人了。

李清照的父亲李格非本身就因才华与颜值早早成名，既是苏轼的高徒，又是宰相韩琦的门生，名列当年汴京最受欢迎女婿榜第二名（你问第一名是谁？第一名乃是苏东坡的好友、驸马王诜），最终被丞相王珪先人一步收为爱婿，因此李清照的出身在北宋已经仅次于公主了。李格非四十岁才有的这位爱女，疼爱得不得了，这位在外人面前不苟言笑的严肃大叔，一回家见到宝贝女儿立马笑得合不拢嘴。他对李清照的教育非常自由开明，只要女儿开心，想要什么都顺其心，从不爹味说教，将其束缚在闺阁。想打马（类似于现在的打麻将）？爹这就买棋牌去！想出去喝酒？派保镖守护！想自由恋爱？哪怕是政敌家的儿子，都相信女儿的眼光。李清照年少时写的《如梦令》，就表现了她当时喝酒游玩，大晚上才回家的情景。

如梦令

常记溪亭日暮，沉醉不知归路。兴尽晚回舟，误入藕花深处。争渡，争渡，惊起一滩鸥鹭。

按照星座的说法，李清照是双鱼座，天生浪漫灵动且富于幻想，对男生来说有一种特别的魅力。因为在关爱中成长，又有良好的文学环境，李清照从小特别有灵气，你完全可以把她看作文学界的黄蓉——冰雪聪明、玲珑别透、多才多艺、博古通今，年少时就能总结安史之乱背后的社会政治原因，令叔叔伯伯们听了都交口称赞。可惜宋朝不允许女子考科举，她的格局、眼光丝毫不亚于上官婉儿。

结婚后，小两口的日子过得相当甜蜜。人家可是郎俊女貌，郎才女更才，志趣相投衣食无忧，共享青春年华。李清照非但才情出众，还颇有生活情趣，面对大她三岁却有些憨的丈夫，主动撩拨。

减字木兰花·卖花担上

卖花担上。买得一枝春欲放。泪染轻匀。犹带彤霞晓露痕。

怕郎猜道。奴面不如花面好。云鬓斜簪。徒要教郎比并看。

两人出门遇见卖花的小摊贩，李清照将花儿戴在头上，问夫君："是花好看，还是我好看呀？"

赵明诚憨憨傻笑:"都好看,都好看。"

晚来一阵风雨,清凉舒适,赵明诚沉迷金石碑文研究而不懂风情,李清照就化上淡妆,穿上迷人的薄纱丝绸,露出洁白柔嫩的肌肤,斜躺在竹席上。

丑奴儿·晚来一阵风兼雨

晚来一阵风兼雨,洗尽炎光。理罢笙簧,却对菱花淡淡妆。

绛绡缕薄冰肌莹,雪腻酥香。笑语檀郎:今夜纱厨枕簟凉。

还有一首只可意会不可言传的《浪淘沙》。

浪淘沙

约素小腰身。不奈伤春。疏梅影下晚妆新。袅袅娉娉何样似,一缕轻云。

歌巧动朱唇。字字娇嗔。桃花深径一通津。怅望瑶台清夜月,还照归轮。

诸如此类夫妻情趣,令千年后的我们读来都极有画面感,不禁莞尔。

当时赵明诚在外做官，时常收到李清照寄来的表达思念的信，有一次信里面写了一首词，令他读完啧啧称叹。这首词就是著名的《醉花阴》

醉花阴·薄雾浓云愁永昼

薄雾浓云愁永昼，瑞脑销金兽。佳节又重阳，玉枕纱厨，半夜凉初透。

东篱把酒黄昏后，有暗香盈袖。莫道不销魂，帘卷西风，人比黄花瘦。

爱妻在家孤枕难眠，想念夫君想得人比黄花瘦。

然而赵明诚越读越觉得夫人太厉害了，莫名其妙被激起了胜负心，闭门不出，抓耳挠腮了好几天，也写出五十首《醉花阴》想跟老婆一较高下。

为了客观公正，他故意招来朋友点评自己写的词，还把李清照的《醉花阴》也放入其中，让朋友选出最好的。

结果那个朋友认认真真看完后，说其他都没印象了，就只记得"莫道不销魂，帘卷西风，人比黄花瘦"，赵明诚听了哈哈大笑，坦白了作者是李清照，终于不得不承认老婆的才华高过自己不止一星半点。

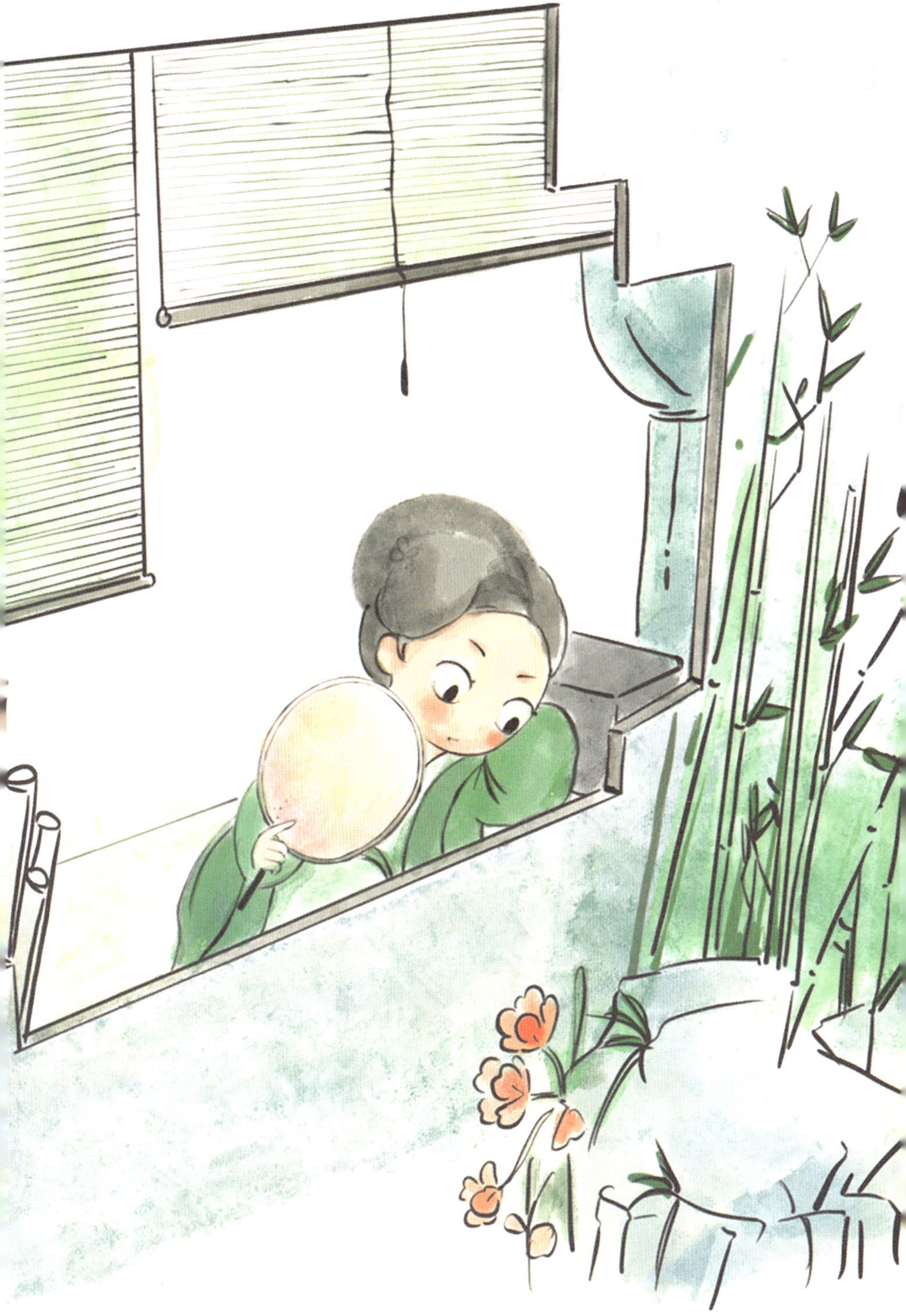

对于这段婚姻，李清照的甜蜜美满溢于言表，然而岁月是把无情的杀猪刀，随着世事变化，人心也在逐渐发生变化。

曾经憨厚的赵明诚在官场这个大染缸浸染日久，逐渐沾染了许多不好的习气，花天酒地。

宋朝官员的工资很高，士大夫之中养外室、逛青楼蔚然成风。随着七年之痒的到来，又出于不详原因李清照没有生孩子，赵明诚日渐不着家，或到处拈花惹草，流连忘返，纳了好几个小妾，或游山玩水沉迷金石碑文的考古研究，一点点地伤透了李清照的心。

看着曾经干净清爽的少年郎变成如今的油腻大叔，两人逐渐同床异梦，貌合神离，李清照的心思也从爱情逐渐转到了打马上，常常和朋友们玩到废寝忘食。

李清照玩打马非常厉害，还将之上升到理论高度，写了一本《打马图经》。那个时候这种游戏叫打马，规则和现在打麻将差不多，讲求在混乱随机之中寻找有序的排列组合，可以说是麻将的起源。以李清照的灵秀慧根，她很快就找到了其中的诀窍，还以诗词歌赋的形式将技巧和理论化作文字，声称千秋万代之后，人们也要知道，对打马的理论哲学做总结研究的，她李清照是第一个——"使千万世后，知命辞打马，始自易安居士也。"因此，李清照还被人称为"博家之祖"，实属有排面。

李清照特别崇拜东晋的田园诗人陶渊明，还将家中的藏书楼命名为"归来堂"，自号"易安居士"。"易安居士"这个号来自陶渊明《归去来兮辞》中"审容膝之易安"（意思是住在简陋的小屋里也很惬意）。当然啦，以当时李清照的家庭条件，家里房子是绝对不可能简陋的。要等许多年后居无定所流浪江湖之际，她才会意识到"易安居士"这个号是多么一语成谶。

在此期间，李清照还狂妄地批判了好多宋词大佬，写了一本《词论》，把包括苏轼、柳永、王安石、秦观、欧阳修、晏殊在内的顶级大文人批判了个遍。

"柳永嘛，太俗，难登大雅之堂，毕竟长期混迹青楼；师公苏轼嘛，不押韵，写的词音律都不协调让人怎么唱；王安石文章还行，词嘛，哈哈，就两个字：搞笑。数风流人物，还看今朝。整个大宋朝的词坛，也就我李清照勉强能打，我要打十个！还有谁？"

此等狂妄的语气，顿时激起了舆论热潮，引发了一波文坛地震，人们群起而攻之，李清照成了众矢之的，而李清照只是微微一笑："我不是针对谁，我只是说在座的各位，都不足为惧。"

然而这些悠闲自在的时光，以及夫妻俩名存实亡的婚姻，在北宋遭遇靖康之耻灭亡后全都粉碎，李清照的人生也随着国家的沦丧而每况愈下。

金兵入侵北方之后,战火纷飞,家国沦丧,身在青州的夫妻二人带着十五车书籍、文物一路南逃,兵荒马乱,颠沛流离之中丢失了好多东西。

赵明诚受朝廷委派,任江宁地区的知府,当时李清照也在江宁,这是重点。在一次叛乱事件中,赵明诚得知消息后第一反应不是组织兵力反抗或者前去保护老婆,而是趁着夜色临阵脱逃!他吓得屁滚尿流,利用绳子偷偷从城墙上独自跑路了!他身为朝廷命官、地方一把手,在这种时候心中既没有百姓,也没有妻子家人,只想着自己逃命,作为一个男人,实在没有担当。

所幸叛乱很快被平定,李清照没遭遇危险,然而赵明诚丢掉的脸面却是永远找不回来了。两个人残余的那点旧情,也在这次逃跑事件后彻底断了。

在之后的逃难过程中,李清照经过当年楚霸王项羽自刎的乌江,写下了指桑骂槐的《夏日绝句》。

夏日绝句

死当作人杰,死亦为鬼雄。
至今思项羽,不肯过江东。

没有一个脏字,却把丈夫骂得明明白白。

赵明诚看了诗,羞愧得差点也想自刎乌江,不过他当然没那个骨气,只是越想越难受,羞愤交加之下得了急病,一年后匆匆告别了人世。

山河破碎,丈夫离世,曾经两人一起收藏的十五车文物古籍也随着战乱遗失殆尽,孑然一身的李清照迎来了凄凄惨惨戚戚的人生下半场,命运曾经给她的枣子有多甜,如今给她的棒子就有多狠。此时她的诗词也不再是反映生活情趣的少女心,而是历经世事之后的沧桑唏嘘,在词中感慨"物是人非事事休,欲语泪先流"。

武陵春·春晚

风住尘香花已尽,日晚倦梳头。物是人非事事休,欲语泪先流。

闻说双溪春尚好,也拟泛轻舟。只恐双溪舴艋舟,载不动许多愁。

乱世之中,一个女子难以独自生存,此时四十六岁的李清照膝下无儿无女,独自生活在江南,无依无靠,又一次上了爱情的当。当时,她遇到一个温柔体贴、无微不至的男人主动追求,还以为是个暖男，被打动，很快答应了对方的求婚。然而李清照打马虽然犀利，看人的眼光却不太准。李清照的第二任丈夫名叫张汝舟，是个负责会计审查工作的小官吏，偶然见到后就对李清照分外殷勤，嘘寒问暖，甜言蜜语说得李清照的心又泛起涟漪，再加上如今孤苦无依，心想老来有个伴也不错，李清照就选择了二婚。然而啊然而，这个张汝舟却是别有所图的，并非看中李清照的才华和个性，而是贪图赵明诚留下来的金石文物，想要发一笔横财。那我们李姐能答应吗？肯定骂脏话啊！张汝舟本性暴露，对李清照拳打脚踢，实施疯狂的家暴，气得身心受伤的李清照赶紧告官要求离婚。

宋朝的法律也很奇葩，为了限制女性，竟然规定：若女性主动提出离婚，不管有没有苦衷都要坐牢两年，以杜绝离婚现象。李清照态度很强硬，坚决不忍气吞声，宁肯坐牢也要离婚，成了当时社会热门新闻。好在她抓到了张汝舟的把柄，向官府告发他谎报科举次数骗取官职，最终让张汝舟赔了夫人又丢了工作，丢脸丢大了。李清照在朋友们的关照下，最终也只坐了九天牢就出来了，神色不改。

恢复自由后，李清照对婚姻心灰意冷，自此余生孑然一身。剩下的时光，李清照搬到了金华，开始整理和校正赵明诚的遗作《金石录》，回忆着和他曾经的美好时光。晚来风雨，小酌微醺之后，似曾相识的往事涌上心头，仿佛一回头就能看到新婚晏尔时丈夫的背影。然而看着镜中的自己，已是两鬓苍苍憔悴不堪，哪还有当初的汴京才女娇俏灵动的模样。一个人望着窗外的梧桐细雨，独自等待天黑，度过一个又一个寂寞凄凉的夜晚。

声声慢

寻寻觅觅，冷冷清清，凄凄惨惨戚戚。乍暖还寒时候，最难将息。三杯两盏淡酒，怎敌他、晚来风急！雁过也，正伤心，却是旧时相识。

满地黄花堆积，憔悴损，如今有谁堪摘？守着窗儿、独自怎生得黑！梧桐更兼细雨，到黄昏、点点滴滴。这次第，怎一个愁字了得！

在金华的日子，李清照看中了一个十岁的孙姓小姑娘，那样的灵秀聪慧，仿佛看到年少时的自己。伯乐遇到了千里马，岂有不爱惜的道理。

"小朋友，想不想拜我为师呀？"此时的李清照一脸慈祥，想将自己的本事都教给小女孩。这要换作现在，千古第一才女别说主动收徒，就算开个天价网课，说说诗词歌赋，都能万人空巷，然而在打压女性的宋朝，社会推崇"女子无才便是德"，就连大名鼎鼎的李清照得到的也只是小女孩不屑一顾的拒绝。

小女孩扑闪着灵动的眼神,噘了噘嘴说:"不要,学诗词歌赋有什么用啊,能当饭吃吗?能嫁个好男人吗?还不是像李奶奶一样孤独终老。我还是去学怎么做饭缝衣服好喽。"

李清照愣住了,半晌回不过神,摇头笑了笑自己,原来自己才是那个异类,不合时宜,终究是生错了时代。

南宋绍兴二十五年(1155年),李清照在孤独中与世长辞,享年七十一岁。

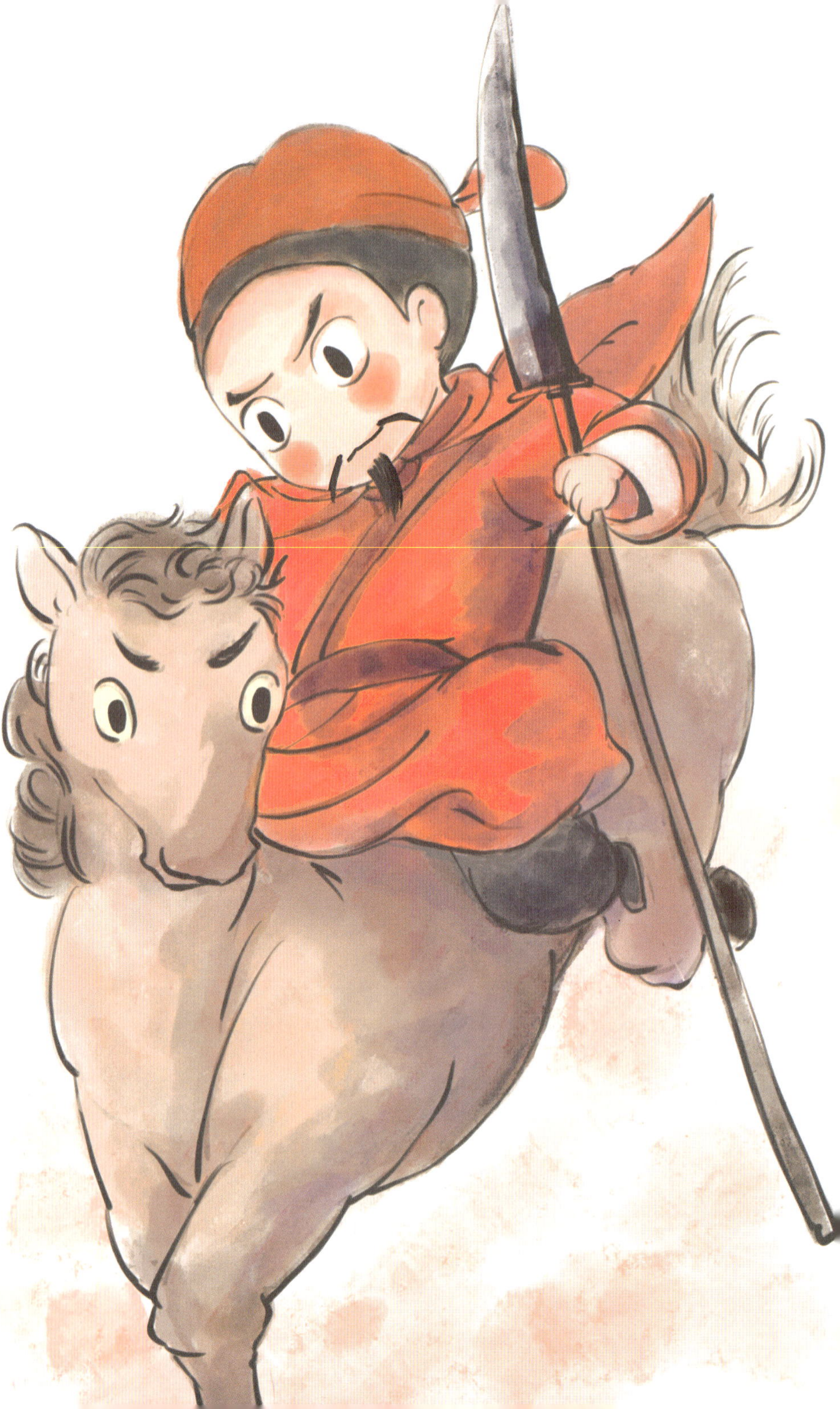

辛弃疾

心有猛虎，细嗅蔷薇

绍兴三十二年（1162年）的一个黄昏，和尚义端怀里揣着偷来的义军首领帅印，一路向金军大营疾跑，一想到今后会从金人那儿得到荣华富贵，顿时笑得合不拢嘴。做叛徒怎么了？良禽择木而栖，此乃天经地义。忽而一阵急促的马蹄声从背后由远及近响起，贼秃驴的光头冒出了丝丝冷汗，一回头差点魂儿都被吓离体。

"辛弃疾！你是自带导航功能吗？这都能追到我？"义端一边加速奔跑，一边胆战心惊。

"臭和尚往哪里跑！"马上的猛男拥有施瓦辛格般健硕的体格，如同猛虎扑兔，飞驰到和尚身后。

义端心如死灰，双腿一软"扑通"一声跪在地上求饶："辛爷爷饶命，我一时鬼迷心窍，我的心是爱国的！"他从怀中取出帅印颤抖着递给辛弃疾，不断地磕头道歉，乞求一线生机。

辛弃疾接过帅印，冷眼道："杀你都嫌脏了我的吴钩刀。我要带你回去接受军法处置！"

义端一听，恶向胆边生——抓回去还不是处斩？一不做二不休，猛地抽出怀中佩剑一跃而起，直刺向辛弃疾胸口，还没看清楚辛弃疾的脸，他忽然脖子一凉，"嗖"的一声，光头已经滚落在地。

"想偷袭？不讲武德！"辛弃疾擦干刀身的血迹，提起叛徒的头颅翻身上马，飒飒归去。

山东的义军听了辛弃疾孤身追回帅印的故事，无不钦佩仰慕，无数热血追随者加入义军，反抗北方金人的统治。

辛弃疾出生的时候，北方已经被金人占领，家国沦丧对于宋人来说是奇耻大辱。他爷爷辛赞无奈之下做了金国的官，却是身在曹营心在汉，始终不忘自己是宋人，从小教导辛弃疾要学习西汉的霍去病，驱除鞑虏。霍去病当年封狼居胥，是华夏民族对外最骄傲的战绩。而北宋反过来被金人攻破首都，掳走皇室宗亲。此仇不报非丈夫！辛赞为了致敬霍去病，连孙子的名字都是对应"去病"而起的"弃疾"，将恢复河山的希望寄托在了孙子的身上，而辛弃疾也人如其名，身体倍儿棒，一顿饭顶别人三顿，长得人高马大，雄壮威武。

很多人以为辛弃疾是个文弱书生，类似杜甫一般忧国忧民的干瘦老头，那简直是大错特错，你完全可以将之想象成泰森那样的体格，甚至可能更强壮。辛弃疾不但精神上是大丈夫，肉体上也是彪悍猛男，史书上说他"壮健如虎"，典型的山东好汉,浓眉大眼,高个儿宽肩,脱下衣服是一身让人贼有安全感的腱子肉。他写词堪比苏轼、李清照,打架不输林冲、鲁智深,铁胆柔情豪气干云,堪称大宋的完美男神。

辛弃疾继承了爷爷的遗愿,二十一岁就带了两千个小弟加入义军反抗金国,虽然势单力薄,却打出了风采,打出了士气,打得金军都知道了这位少年英雄的大名。辛弃疾加入的这支义军名为"天平军",首领名为耿京,自封为"天平军节度使",短短两三年就在山东日渐强大,聚集了数十万抗金义士,成了金人的眼中钉、肉中刺,金人天价悬赏要他的人头。重赏之下必有勇夫,也必有叛徒,义军中一个名叫张安国的将领心中生出了异心。

耿京非常赏识辛弃疾,鉴于义军势力日益壮大,辛弃疾提议要跟南宋朝廷取得联系才能持续作战,于是绍兴三十二年(1162年),为了获得南宋朝廷的补给和支持,耿京派辛弃疾南下觐见宋高宗赵构。

宋高宗也早已听闻辛弃疾的英勇事迹,一见确实是个猛男,便提议让他留在江南。辛弃疾怎么可能抛弃兄弟们独自享富贵?便请求回去说服首领带大家一起归顺南宋。

没想到等辛弃疾回到营中,发现首领耿京竟然被叛徒张安国杀害了,顿时怒发冲冠,杀气陡增,战斗力瞬间飙升。此仇不报睡不着觉,他立即派遣侦察人员调查清楚张安国的下落,布置了精密的复仇计划。那一晚，注定是传奇的一晚，趁着夜色和凭着对地形的熟悉，我们勇猛无双的辛弃疾率领五十名精锐骑兵，模仿他爷爷的偶像霍去病，发起骑兵突袭闪电战，直插金军大营中叛徒张安国所在！真是威震华夏的大丈夫！此刻他继承了大汉骑兵的光荣传统，霍去病、卫青、赵子龙在这一刻灵魂附体！辛弃疾代表了华夏勇士悠久的历史传统，在这一刻他不是一个人在战斗，他不是一个人！

金军大营还来不及反应，就被辛弃疾率领的骑兵打了个人仰马翻。骑兵直接冲向张安国的大营，飞速将其打倒在地捆绑上马，以迅雷不及掩耳之势撤离，在夜色掩护之下怒斩金人无数，杀出一条血路成功回到大本营！

这一晚之后，辛弃疾直接从普通英雄荣升为传奇英雄，就连金军听了都不敢置信，仅仅五十人竟然胆敢闯入五万人的金军大营劫人，实乃天方夜谭！

解决了叛徒之后，辛弃疾率领一帮小弟归顺了南宋朝廷。然而啊然而，南宋朝廷素来最忌惮的就是岳飞、辛弃疾这样能打又有名望的武将，打从宋太祖赵匡胤以武将身份黄袍加身开始，南宋皇帝的基因里就自带对武将的不信任，面对有望成为新一代岳武穆、堪称南宋霍去病的将星辛弃疾，南宋朝廷认为对方是"敌占区"长大的武将，终归不能太信任，需要多加观察，于是不给辛弃疾军权，只是让他去做地方官，并且频繁调动工作岗位，目的就是不让他形成自己的势力。

辛弃疾固然憋屈，却也十分敬业，干一行爱一行，既能上阵杀敌，也能管理民生经济。他去滁州当地方官，仅仅半年就制定了一系列有效的亲民政策，让当地恢复了活力。他惩恶扬善，严明律法，百姓安居乐业，视他为"辛青天"。

后来江西茶商起事，朝廷一时没法平定，这才想起来好像有个叫辛弃疾的很能打，就让他当救火队队长，前去剿匪。专业人士一出马，不到三个月就平定了叛乱。

朝廷派他去湖南训练新军，辛弃疾大呼专业对口，无比上心，悉心打造了一支"飞虎军"，雄镇一方，成为守护长江沿岸最勇猛能打的一支精锐部队，让金兵都不敢进犯，成了湖南百姓的守护神。

辛弃疾的综合能力太强了，干啥都出色，朝廷也发现这个人太好用了，每次有什么麻烦就会调任他去解决，他解决完问题之后又不求提拔，完全是个工具人。据不完全统计，辛弃疾在南宋做官以来，一共被士大夫们弹劾四十三次，被调任工作岗位十五次，每次刚搞出点成绩来就莫名其妙被调任，他实在是搞不懂南宋朝廷到底想干吗。到底还要不要北伐？气得辛弃疾都养成了拍栏杆的发泄习惯，就算把栏杆拍遍又如何？朝中根本没有人懂他心中的苦涩，他只能盯着当年手刃叛徒的吴钩宝刀，独自叹息。

水龙吟·登建康赏心亭

楚天千里清秋,水随天去秋无际。遥岑远目,献愁供恨,玉簪螺髻。落日楼头,断鸿声里,江南游子。把吴钩看了,栏杆拍遍,无人会,登临意。

休说鲈鱼堪脍,尽西风,季鹰归未?求田问舍,怕应羞见,刘郎才气。可惜流年,忧愁风雨,树犹如此!倩何人唤取,红巾翠袖,揾英雄泪!

说到底,还是辛弃疾太优秀、太出色,犹如黑夜中的皎洁明月,那么醒目。这让南方那些偏安一隅、只会吟诗作对写写文章的士大夫嫉妒、忌惮,纷纷贬低他,说他杀人如麻没有仁慈之心,又说他军费开支太大肯定贪污腐败,还说他太受女性欢迎有不少桃色新闻,社会影响不好,等等。总之,不少官员天天在朝野说他坏话,最终导致他不断立功,却不断受到质疑和弹劾。

淳熙七年(1180年),辛弃疾四十一岁,忙活了近二十年,功劳无数、名望甚隆的他,却还是被朝廷找理由罢了官。二十年呀,在辛弃疾风华正茂、最能打的大好年华,他却始终无法实现心中最渴望的志向——北伐!人生能有几个二十年!

万般无奈之下,辛弃疾只好归隐田园,回到江西上饶的庄园中闲居度日。他给自己设计的庄园取名"稼轩",表示不管世道怎么样,种田还是最重要的,从此世人也尊称他为"辛稼轩"。在稼轩中无所事事的日子里,辛弃疾彻底释放出了其隐藏已久的文学天赋——写词,他大部分流传后世的诗词,都是赋闲在家后留下的。我们不得不感慨这位大佬实在太全能了,文学反而成了他百无聊赖之下才发挥出来的小技能。这么一个超能打的猛男,却活生生被南宋朝廷逼成了一个文坛宗师,幸哉?不幸哉?于词坛固然大幸,于家国而言何等悲哀。

英雄无用武之地,辛弃疾只能"醉里挑灯看剑,梦回吹角连营",在脑海中一次次演练着战场杀敌,完成北伐大业,恢复山河,可惜终究只是梦一场。

破阵子·为陈同甫赋壮词以寄之

醉里挑灯看剑,梦回吹角连营。八百里分麾下炙,五十弦翻塞外声,沙场秋点兵。

马作的卢飞快,弓如霹雳弦惊。了却君王天下事,赢得生前身后名。可怜白发生!

自己当初还是太年轻,以为南宋真的想要收复河山,解救北方的大宋子民,如今识得愁滋味,只因吃了太多亏。遭受了社会的毒打之后,辛弃疾终于明白:南宋朝廷就是一帮虫豸。

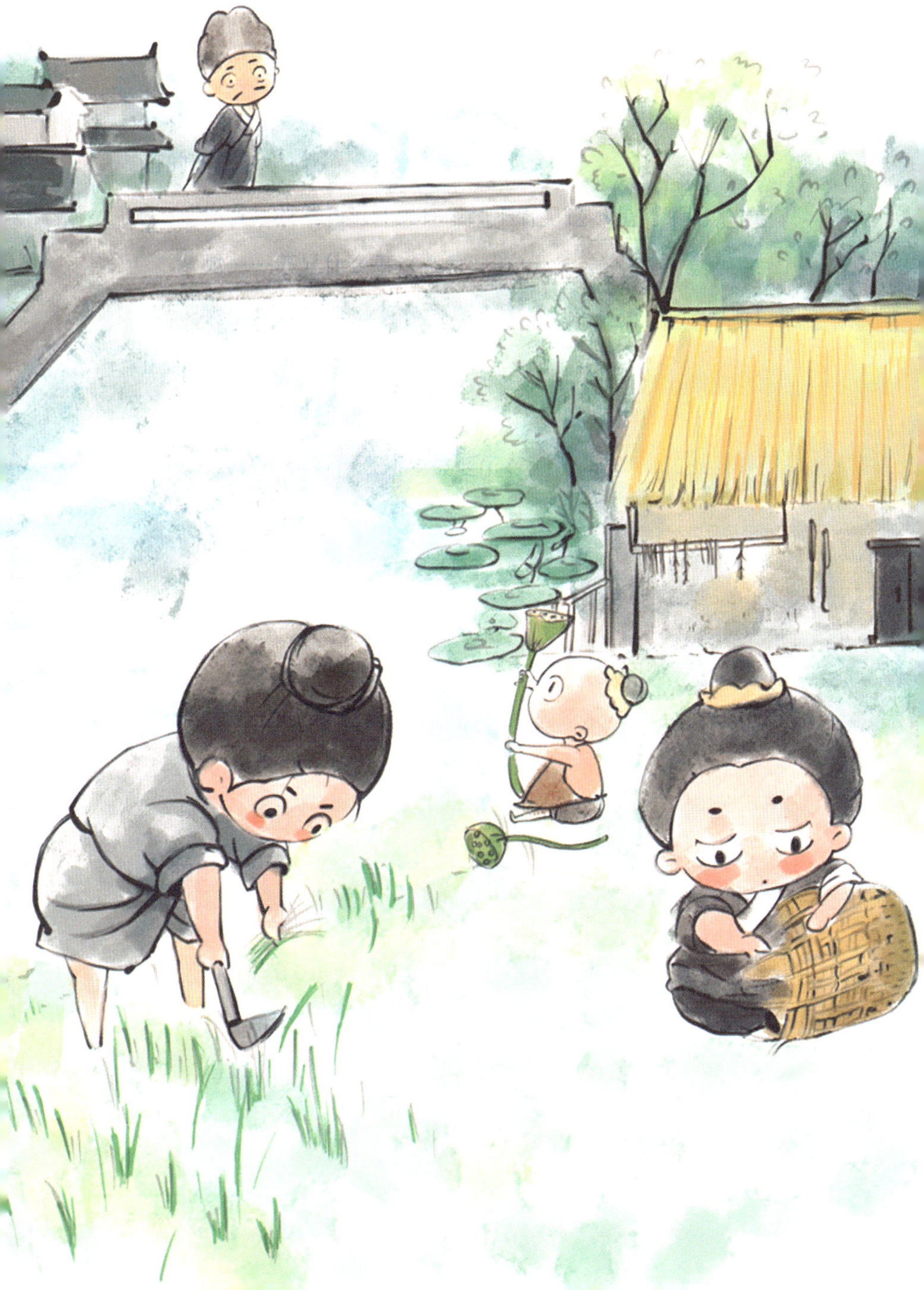

丑奴儿·书博山道中壁

少年不识愁滋味,爱上层楼。爱上层楼,为赋新词强说愁。

而今识尽愁滋味,欲说还休。欲说还休,却道"天凉好个秋"!

愤怒之后,也不得不接受现实,只能将闲情寄托于山水之间。

清平乐·村居

茅檐低小,溪上青青草。醉里吴音相媚好,白发谁家翁媪?

大儿锄豆溪东,中儿正织鸡笼。最喜小儿亡赖,溪头卧剥莲蓬。

辛弃疾很有意思,他这么有文化的一个人,给自己的小儿子取名叫辛铁柱,看得出他格外喜欢这个儿子,希望他的命硬一点,性情刚烈不屈,能像铁柱一样不受世事无常的改变,百折不挠。当然这可能是我们的过度解读,也许他就是觉得小儿无赖,故意取个搞笑的名字戏弄儿子。

辛弃疾不仅有豪迈的英雄气概，更有温柔的浪漫情怀。他的全能也体现在了诗词上，可以豪放，也可以婉约，心有猛虎，细嗅蔷薇。

青玉案·元夕

东风夜放花千树，更吹落、星如雨。宝马雕车香满路。凤箫声动，玉壶光转，一夜鱼龙舞。

蛾儿雪柳黄金缕，笑语盈盈暗香去。众里寻他千百度，蓦然回首，那人却在，灯火阑珊处。

铁汉柔情，就问你心动不心动？这该死的反差魅力啊！对此他也是极其自信，毕竟人家确实有自信的资本。

贺新郎（节选）

不恨古人吾不见，恨古人、不见吾狂耳。知我者，二三子。

宋宁宗开禧元年（1205年），已经六十六岁的辛弃疾早已对朝廷不抱任何期待，只能将满腔难凉的热血与不甘写入词中自我慰藉，却没想到有生之年竟真的等来了朝廷要北伐的消息，顿时双眼冒光，热血沸腾。

惊喜之下，他写下千古名篇，期待朝廷看到他烈士暮年，壮心不已，赶紧征召他出山一起北伐杀敌。眼下老是老了点，但廉颇老矣尚能饭，一顿三大碗！

那种迫不及待的北伐之心跃然纸上，仿佛在对朝廷喊："快来问我，快来问！"

永遇乐·京口北固亭怀古

千古江山，英雄无觅，孙仲谋处。舞榭歌台，风流总被，雨打风吹去。斜阳草树，寻常巷陌，人道寄奴曾住。想当年，金戈铁马，气吞万里如虎。

元嘉草草，封狼居胥，赢得仓皇北顾。四十三年，望中犹记，烽火扬州路。可堪回首，佛狸祠下，一片神鸦社鼓。凭谁问：廉颇老矣，尚能饭否？

这首词也被公认为是辛弃疾最好的一首词，一片赤诚的爱国热情令人动容。

主张北伐的宰相韩侂胄，受到辛弃疾的由衷赞扬，他起用了素来受打压的主战派官员，同时为岳飞平反，并大肆批判秦桧，整肃社会风气，一时赢得舆论，民间北伐热情高涨。

自从岳武穆含冤枉死之后，南宋半个多世纪，靠着每年主动交保护费苟延残喘，眼看北边日益强大，金国内忧外患，终于决定硬气一回——北伐。

然而——虽然我们那么不喜欢然而，可是历史就是充满了然而，韩侂胄主张北伐，有自己争权的心思。从小出身显贵、锦衣玉食的他，连科举都没考过，全靠开后门当的官，北方也没去过，对于打仗压根儿就是外行。辛弃疾建议做充分准备，练完兵再北伐，可韩侂胄却一心想要速战速决，想着趁金国病，要金国命，捞取军功和政治资本。

对于辛弃疾这种实战派大将的逆耳忠言，韩侂胄根本听不进去，作为北伐精神领袖的辛弃疾不久就被罢了官。人世间最痛苦的事，就是有了希望之后，又破碎。

瑞鹧鸪·江头日日打头风

江头日日打头风，憔悴归来邴曼容。郑贾正应求死鼠，叶公岂是好真龙。

孰居无事陪犀首，未办求封遇万松。却笑千年曹孟德，梦中相对也龙钟。

辛弃疾也察觉到了，如今朝廷的主战派也无非是叶公好龙，想靠北伐收获名声、捞取政治资本，并没有打仗的真本事。今后无事，只剩下喝酒，不再渴望求得封赏，只和青松相伴。若是在梦中和前人曹孟德相遇，想必他也是老态龙钟了。

韩侂胄志大才疏，匆匆发起北伐，而忽略了长时间没打过仗的南宋将士根本不堪一击，主动进攻的北伐活生生打成了对金兵南下的防守战，糟糕的战绩让朝野上下一片哗然，士大夫们久违的"恐金症"又犯了。这时韩侂胄才知道辛弃疾的话多么正确，准备重新请他出山练兵。

然而朝中发生了政变，韩侂胄本人也被政敌砍了脑袋，其头被献给金人求和，此情此景，如此熟悉。

接到诏书，辛弃疾想连夜启程，却连起身的力气都没有了。时年六十八岁的辛弃疾早已是风中残烛，久病缠身，撑着一口气就是为了实现北伐壮志，如今见梦想破碎，有心杀贼而无力回天，临终时回光返照，用尽最后的力气大喊："杀贼！杀贼！"

一个英雄，终究抵不过懦弱无能的时代。宋朝重文抑武，粉饰太平，亡国之后也不知道悔改；士大夫们只图温柔乡，不思进取，偏安享乐。生在这样的时代，辛弃疾一腔热血始终未凉，可终究学不了霍去病封狼居胥，最终只能在遗憾中溘然长逝。

题临安邸

山外青山楼外楼,
西湖歌舞几时休?
暖风熏得游人醉,
直把杭州作汴州。

如果人生可以重来,辛弃疾宁可战死沙场马革裹尸还,马作的卢飞快,弓如霹雳弦惊,可惜一切都错过了。

贺新郎(节选)

白发空垂三千丈,一笑人间万事。问何物、能令公喜?我见青山多妩媚,料青山见我应如是。

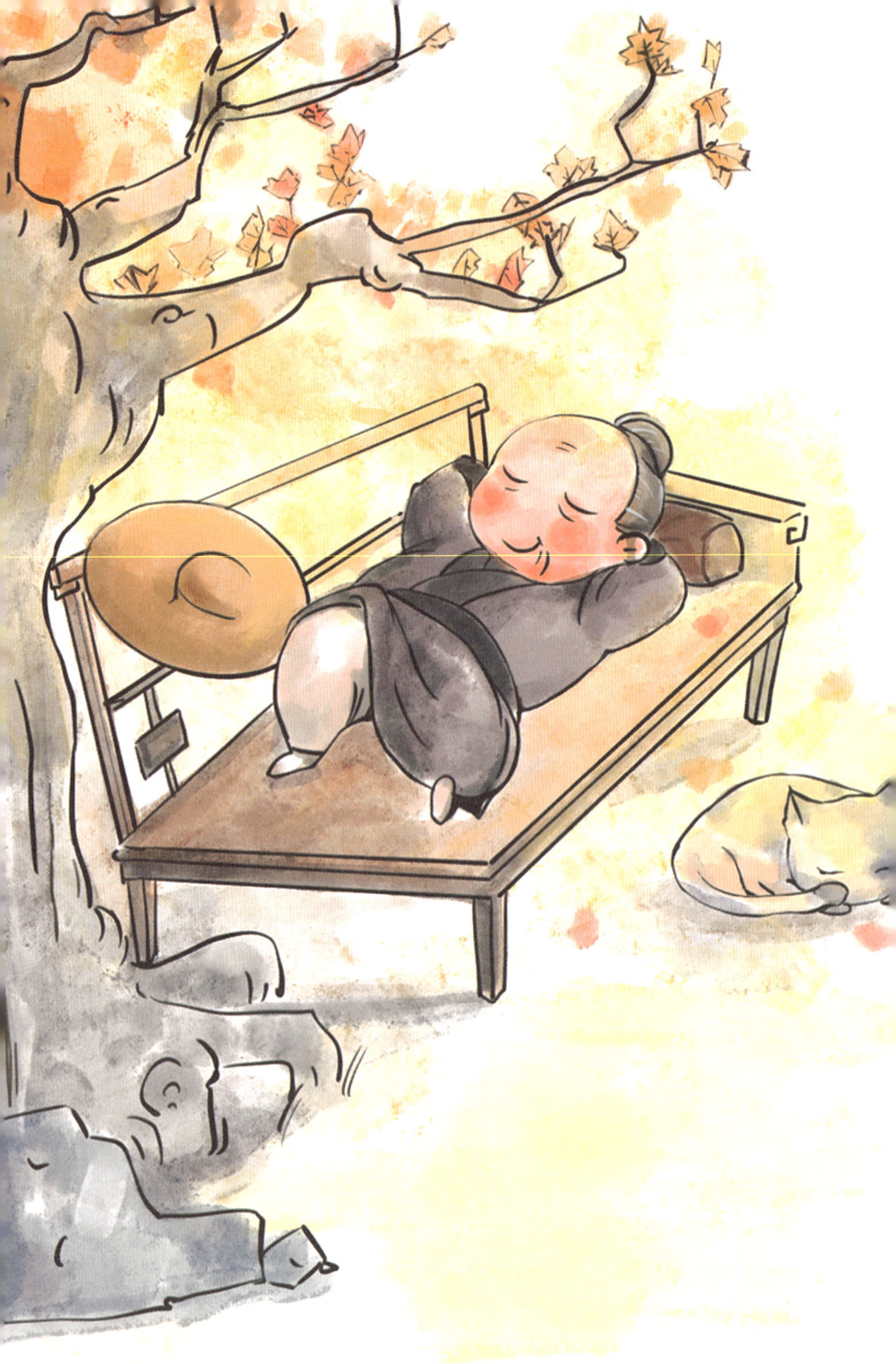

陆游

唯有香如故

南宋嘉泰三年（1203年），辛弃疾被朝廷任命为绍兴知府。工作之余，他听人提起有位多年未见的老友正在绍兴隐居，立马提着珍藏已久的八十年绍兴女儿红前去拜访。那位老友，正是人称"小李白"的南宋文坛巨星——陆游，陆放翁。

陆游此时已经七十八岁了，被诸多慢性病搞得免疫力低下胃口全无，在绍兴隐居休养身体，这天正在院子里舒舒服服地闭目养神晒太阳，忽然听到孙子陆元廷说有客人来了，顿时怪不高兴的。

"我不是说过有人拜访就帮我推了吗？没看我正晒太阳嘛！"

"爷爷，这个人你肯定想见！"

"嚯，难不成是岳武穆？"

"他也差不多是当今岳武穆了，是稼轩居士来啦！"

"嚯！"

陆游从躺椅上一跃而起，前去迎接客人，瞬间仿佛年轻了三十岁。

辛弃疾这一年六十三岁,由于长期保持锻炼,身材又壮硕,看起来倒是挺显年轻,跟沧桑的陆游像两辈人。

"好家伙,你怎么来了?"陆游大为兴奋,紧握辛弃疾的手激动得直颤抖。

"陆老哥你这平时不看新闻啊,我都上任绍兴知府好几个月了,你也不知道。"

"可恶,那怎么现在才来看我!"

"我怎么知道你在这儿窝着呢,你这住的什么房子啊,老弟我帮你盖个大别墅吧,保证你住进去增寿十年。"

"不了不了,我这住着挺舒服的,再说你赚钱也不容易。"

辛弃疾挠挠头,大大咧咧道:"没事,我挺有钱的。有需要您尽管开口。"

两人喝着珍藏版的女儿红,忆往昔峥嵘岁月稠。当初辛弃疾率五十骑兵奇袭金军大营活抓叛徒的事,陆游至今都津津乐道,没少跟儿孙们添油加醋地讲,末了低调来一句:这么牛的辛弃疾,见到我也得称呼一声大哥。

陆元廷之前还以为爷爷吹牛,今天有幸得见辛弃疾来拜访,做孙子的内心怎一个震惊了得。

那可是全民男神啊,竟然这么尊敬爷爷,爷爷真是牛!

两人聊着聊着,借着酒劲忍不住聊起了如今宋、金两国的局势,以及朝廷北伐到底有没有个准。

一聊到这儿，气氛瞬间就变了。

"我这一辈子都在献计献策，上疏北伐，上面总是说快了快了，没想到三年之后又三年，三年之后又三年，三十多年都过去啦，我这死期倒是快了。"

"早知道南边这么尿，我当年在山东自己拉队伍单干得了！"辛弃疾涨红着脸怒骂。

"你说相关部门，一届一届地换了多少宰相和枢密使，改过不？换汤不换药啊！人家金军也有理由说的——我们当年面对的是什么人，是差点直捣黄龙的岳飞大神啊；你这批人是什么虫豸，还想北伐？南宋朝廷现在什么水平，就这么几个人，他韩侂胄就是个开后门的外戚宰相，连科举都没考过也想北伐？他能北伐吗？打不了的，没这个能力知道吗？再这样下去蒙古都要崛起了，契丹输完输党项，女真输完输蒙古，接下来没人可输了，都要亡国灭种了！"陆游激动得猛拍桌子。

"陆大哥，有一说一，韩侂胄目前看来积极备战北伐，态度还是可以的，也许这两年有戏！"

"哦哟，谢天谢地了。我已经上疏过无数次，像这样的北伐，本身就没有打好基础，张浚当年草率出兵就一败涂地，平常不练兵混日子，现在说北伐就北伐，本质上就是朝廷内部两派人的争权手段罢了。你说你在镇江，飞虎军练得好好的，把你换掉干吗？"

"就是，如今的朝廷，脸都不要了！"

越说越来气，两个人喝完了女儿红，陆游拿出乡下的腊酒继续喝，喝到酩酊大醉泪满襟。留给他们的时间已经不多了，两个文武双全、雄心壮志的国之栋梁，却在不得志之中垂垂老矣，人世间最悲哀的事莫过于此。

游山西村

> 莫笑农家腊酒浑，丰年留客足鸡豚。
> 山重水复疑无路，柳暗花明又一村。
> 箫鼓追随春社近，衣冠简朴古风存。
> 从今若许闲乘月，拄杖无时夜叩门。

一年后，韩侂胄征召辛弃疾，陆游尽管不看好韩侂胄，还是希望老友能够旗开得胜，平安归来再一起喝酒，写诗表达对辛弃疾的祝福。

送辛幼安殿撰造朝

> 稼轩落笔凌鲍谢，退避声名称学稼。
> 十年高卧不出门，参透南宗牧牛话。
> 功名固是券内事，且葺园庐了婚嫁。

> 千篇昌谷诗满囊，万卷邺侯书插架。
> 忽然起冠东诸侯，黄旗皂纛从天下。
> 圣朝仄席意未快，尺一东来烦促驾。
> 大材小用古所叹，管仲萧何实流亚。
> 天山挂旆或少须，先挽银河洗嵩华。
> 中原麟凤争自奋，残虏犬羊何足吓。
> 但令小试出绪余，青史英豪可雄跨。
> 古来立事戒轻发，往往谗夫出乘罅。
> 深仇积愤在逆胡，不用追思灞亭夜。

然而正如上文所说，韩侂胄一意孤行仓促北伐，完全听不进去辛弃疾的意见，只想速战速决抢功劳。一点战术都没有，简直就是让久疏战场的南宋将士去送死。战场之上，接连溃败落得个仓皇北顾，朝野上下嘘声一片，韩侂胄本人也在政变中人头落地，被送到了金人手中作为议和的礼物。

已经结束了。

对国事失望透顶的陆游恰闻辛弃疾去世的消息，差点一口气没喘上来。

孙子陆元廷紧张得在床边照料数日，陆游才缓过气来，提笔愤而写下《示儿》。

示儿

死去元知万事空，但悲不见九州同。
王师北定中原日，家祭无忘告乃翁。

"老头子我已经时日无多，回去告诉你爹千万不要忘记国仇家恨，我们陆家子孙世世代代，都当以统一山河为己任，听到了吗？"

"听到了！"陆元廷重重地点头，并以一生履行了对爷爷的承诺。

七十多年后的1279年，蒙古与南宋展开崖山海战，最终宋军全军覆灭。左丞相陆秀夫背着少帝赵昺于悲愤中跳海自尽，十万军民跳海殉国，南宋彻底灭亡。在这些南宋最后的殉国将士中，就有陆游的玄孙陆天骐。

当崖山之战的消息传到越州，陆游的曾孙——陆元廷的儿子陆传义，念完陆游的《示儿》，仰天长啸，肝胆欲裂，不日绝食而死，誓死不当亡国奴。

求不得，爱别离，怨憎会，离别苦。

陆游这一生，有太多遗憾与无能为力，山河破碎，壮志难酬，霁月难逢，彩云易散。

国家自不必说，就连心爱之人也无法把握。

陆游最爱的人，名为唐婉，是他舅舅的女儿，和他青梅竹马，是他生命中最柔软美好的存在，也是一辈子无法愈合的伤疤。

陆游二十岁娶了唐婉，那时他毫不怀疑自己是这世上最幸福的人。在最好的年纪，能够和最爱的人厮守相伴，每一天醒来见到身边的她，都会由衷地微笑。他和唐婉才子佳人，都出身书香门第，从小热爱诗词，总有聊不完的话题和不言而喻的默契，往往相视一笑就知道对方心里在想啥。他们携手同游江南好风景，吟诗作对，夫唱妇随，日子浪漫而快乐。

然而面对他们的快乐，有个人却不快乐了。那个人就是陆游的老娘。

说起来陆游老娘曾经也是个文艺女青年，酷爱著名婉约派词人秦观，连给儿子取名字都致敬偶像，秦观字少游，陆游字务观，好生对称。同为文艺女青年，可惜她不喜欢唐婉，一心只想儿子快点离婚。具体原因不好说，或许是担心陆游沉溺温柔乡不知上进考取功名，或许是因为唐婉始终未曾怀孕，也或许婆媳之间只是单纯的八字不合，谁又说得准呢？总之，陆游本打算相伴终生的爱人，硬生生被他娘拆散了。

陆游老娘坚决要求陆游离婚。孝子陆游夹在中间难做人，既不想让唐婉难堪，又不想违背老娘，于是阳奉阴违，表面上答应离婚，偷偷在外面租了房子让唐婉住过去，关起门来过两人的小日子。

纸包不住火，最终老娘还是发现了，让他在母亲和老婆之间作选择。

陆游妥协了，牺牲了自己的爱情，选择做孝顺儿子。他当然知道做出这个选择意味着要背负一辈子对唐婉的愧疚，可从小饱受儒家文化教育的他，还是不敢违背孝道。

后来，陆游娶了第二任妻子王氏，唐婉嫁给了南宋的宗室赵士程，彼此的日子过得怎么样不得而知，只是再也没有了对方的消息，如同水消失在水中。两人十年都未曾再见，直到那次偶遇。

绍兴沈园，绿意幽远。

陆游漫步在沈园的景色中，亭台楼阁，春风拂面，偶然一个回眸，见到了无数次梦中牵挂的脸庞——唐婉。他以为自己在做梦，狠狠地掐了一把自己的大腿，疼，不仅大腿疼，心更疼。眼睛贪婪地想多看一眼，礼数又让他不停躲闪。

唐婉和丈夫赵士程同游沈园，对于偶遇陆游也很意外，两人躲避着目光接触，一样心乱如麻。温柔的赵士程看在眼里，浅浅一笑，借口说忽而想起有公务尚未处理，还请陆游兄代为照顾一下唐婉。说完轻轻拍了拍唐婉的肩膀，转身而去。

赵士程比世上任何人都爱唐婉，他的爱不是占有，而是理解。哪怕唐婉婚后十年未曾生子，哪怕唐婉心中始终还记挂着陆游，他对唐婉的爱也未曾因此减一分，不纳妾、不责怪，十年如一日地温润如玉，悉心守护心中所爱，只要她能放下心结，自己又岂会在意流言蜚语？

留在原地十年未见的两人尴尬得脚趾抠地，眼神躲闪，身体僵硬，想逃离又想关心。

陆游手足无措，无数话语不知从何说起，嗫嚅半晌只憋出一句老套的寒暄："你过得好吗？"

"托您的福，我嫁了一个真正的好老公。"唐婉心中的无名火顿时升起，话中带刺。

"看得出来，他是个良人。不像我……"陆游想道歉，想有所补偿，可是话到嘴边，却不知如何开口。

"我不想让夫君久等，您有话就留给自己听吧。有缘再见。"说完，唐婉头也不回地转身小跑追赶丈夫去也。

陆游怅然若失地望着唐婉逐渐远去的背影，心似被撕下了一块，这一刻他终于明白，自己是彻底失去了她。

十年之后，我们什么也不是，连一声最简单的问候，都是奢侈的厚赠。终于在遗憾中明白，有些人一旦错过就不在。

赵士程惊讶地看着跑回来的唐婉，问她为何不跟陆游多聊一会儿。

"你就不怕别人说我们闲话吗？"唐婉面对这个细腻体贴的好丈夫，心中无比柔软。

"只要你们问心无愧，怕什么闲话。"赵士程坦荡地笑了。

唐婉莞尔一笑，心下恻然，假如我问心有愧呢？

哀伤的陆游坐在沈园的石椅上，脑海中尽是当初两人热恋时的画面，恍如隔世。这时赵家的仆人过来，说奉主人之命，送来一壶黄藤酒，两碟下酒菜，希望陆先生节哀顺变。

"节哀顺变？好家伙，这酒是祭奠我死去的爱情吗？赵士程可真贴心。"

两杯黄藤酒下肚，陆游将满腔苦闷化作灵感，借着酒劲写下祭奠爱情的千古名篇。

钗头凤

红酥手，黄縢酒，满城春色宫墙柳。东风恶，欢情薄。一怀愁绪，几年离索。错、错、错。

春如旧，人空瘦，泪痕红浥鲛绡透。桃花落，闲池阁。山盟虽在，锦书难托。莫、莫、莫！

当初答应你的海誓山盟没有实现，年少时相伴一生的承诺半途而废，春如旧，你依然如同以前那般秀美，而我却瘦了一大圈。一切都是我的错，连一个正式的道歉都没有给过，我想写封信表达内心的愧疚,可是没有机会了。若一念亏欠是桃花一片,我的心就是落满桃花的池塘楼阁。

罢了,罢了,罢了。

你我今生的缘分,就到此为止吧。

切莫以为陆游只是个沉浸儿女情怀的文弱书生,能得到超级猛男辛弃疾的欣赏的他,也是个文武双全、彪悍能打虎的健将。失去至爱之后,他便将大部分精力都用在研究如何收复河山上。

观大散关图有感(节选)

上马击狂胡,下马草军书。二十抱此志,五十犹臞儒。大散陈仓间,山川郁盘纡,劲气钟义士,可与共壮图。

灌园(节选)

少携一剑行天下,晚落空村学灌园。

甲午十一月十三夜梦右臂踊出一小剑长八九寸

> 少年学剑白猿翁,曾破浮生十岁功。
> 玉具拄颐谁复许,蒯缑弹铗老犹穷。
> 床头忽觉蛟龙吼,天上方惊牛斗空。
> 此梦怪奇君记取,佩刀犹得世三公。

陆游少年学剑,师从一位名为"白猿翁"的江湖名宿,自称"上马击狂胡,下马草军书"。那可不是吹的,有史料为证。

公元1172年,南郑(今属陕西汉中)发生了多起老虎伤人事件,人心惶惶,大家不敢上山。

陆游当时正好在四川宣抚使王炎帐下做参谋,亲自带队训练一批野战精英义军,不久就形成了强悍的战斗力。

陆游听说南郑乡下有老虎出没伤人,便主动向王炎请缨,带了三十兵丁赴南郑为民除害。

打虎之战,虽然人数不少,最终拔剑刺死老虎的却是陆游,自己的肩膀还因此被老虎爪子抓伤,可见其胆量过人。这一年,陆游都四十七岁了。

话接前书,陆游在沈园偶遇唐婉之后,便全身心投入仕途,以求报国之路。

陆游的父亲和叔父都是铁骨铮铮的主战派,陆游自幼对收复北方失地满怀壮志，若有机会，他巴不得上战场发挥多年剑术，怒杀金贼为国洒热血。可惜读书三万卷，朝廷不重用；学剑四十年，却未曾染过一个金贼的血。

醉歌（节选）

读书三万卷，仕宦皆束阁；学剑四十年，虏血未染锷。

二十八岁的陆游曾前往临安参加锁厅试——面向有背景的官员子弟的公务员考试。结果一起参加考试的有秦桧的孙子秦埙，秦桧暗示主考官陈之茂将第一名给自己孙子，可是他在阅卷的时候发现陆游的卷子文笔流畅、见解不凡，顶住压力取陆游为第一名。陆游写的文章又有指责秦桧误国的内涵，这下彻底得罪了小心眼的奸相。在第二年礼部考试中，陆游再次拿到第一，结果秦桧暗箱操作，强行不让主考官录取。

好在秦桧年纪已大，作不了太久的恶，没过两年，陆游就熬死了他，成功入职官场。第一份工作是前往福州宁德县做县长秘书，不久，朝廷听说陆游的名声，将他调入首都，担任敕令所删定官，负责编纂整理各种行政命令。

陆游位卑未敢忘忧国，主动应诏上策，屡屡进谏宋高宗，建议皇帝多加强思想品德建设，一大把年纪了别每天想着养宠

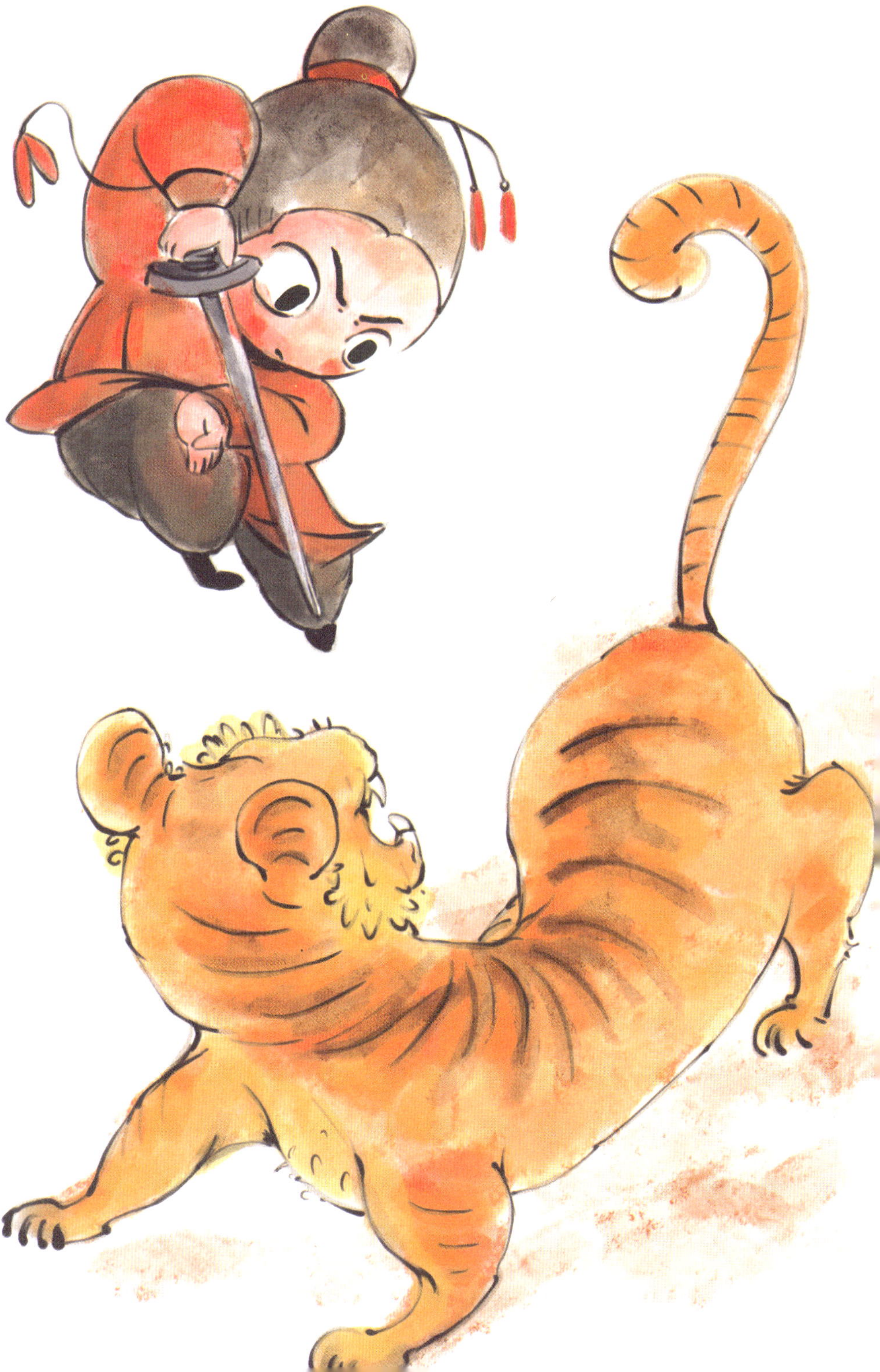

物。有些建议很中肯，宋高宗倒也听得进去，觉得小陆同志工作认真、态度积极，可以培养，于是把他提拔为大宋最高法院的法官（大理寺司直）。不过陆游之后还是因为主张抗金触了完颜构的逆鳞而被罢官。

没几年宋高宗过世，宋孝宗即位。完颜构和秦桧两人一死，南宋朝廷中的主战派终于可以抬起头，朝野上抗金北伐的声音越来越多，宋孝宗也打算响应舆论，来一场轰轰烈烈的北伐。

宋孝宗是主战派，即位不久就为岳飞平反，重审秦桧时期的冤假错案，朝野风气为之一振。宋孝宗即位前读过陆游的诗，十分拜服，上位不久就赐陆游为进士，招入朝廷做官。可惜宋孝宗的隆兴北伐相当失败，不得不再次和金国和议，朝中的主战派也蔫了。宋孝宗人逢衰事精神萎，又为奸人所惑，误解了陆游的满腔赤诚，再次将他罢免。陆游在官场起起伏伏，蹉跎了大半生岁月，始终郁郁不得志。

书愤

早岁那知世事艰，中原北望气如山。
楼船夜雪瓜洲渡，铁马秋风大散关。
塞上长城空自许，镜中衰鬓已先斑。
出师一表真名世，千载谁堪伯仲间！

情场和仕途都失意，赋闲在家的陆游爱上了养猫。他是古人中最有名的猫奴，他对猫的喜爱之情洋溢在诗词中流传至今。

陆游写了将近二十首关于猫的诗词，最有名的就是"我与狸奴不出门"，说出了猫奴的心声。

十一月四日风雨大作·其一

风卷江湖雨暗村，四山声作海涛翻。
溪柴火软蛮毡暖，我与狸奴不出门。

外面狂风又暴雨，家里暖和又温馨，我只想在家撸撸猫，哪儿也不去。

其实《十一月四日风雨大作》一共有两首，另外一首则悲壮哀愁。

僵卧孤村不自哀，尚思为国戍轮台。
夜阑卧听风吹雨，铁马冰河入梦来。

陆游一边满足于自己撸猫宅家的温馨生活，一边又为难圆金戈铁马的沙场梦而遗憾。

赠猫

盐裹聘狸奴，常看戏座隅。
时时醉薄荷，夜夜占氍毹。
鼠穴功方列，鱼餐赏岂无。
仍当立名字，唤作小於菟[1]。

陆游的猫很会捉老鼠，于是他亲切地喊它"小老虎"，可见八成是一只大胖橘猫。

陆游这一辈子都活得很不尽兴，挚爱无法白首，热血无法报国，晚年的许多词也透露出一股大丈夫壮志未酬的悲怆。

俱往矣，不如学学那梅花，寂寞开无主，也留得暗香在。

卜算子·咏梅

驿外断桥边，寂寞开无主。已是黄昏独自愁，更着风和雨。

无意苦争春，一任群芳妒。零落成泥碾作尘，只有香如故。

---

[1] 於菟（wūtú）：古时楚国人对"虎"的称呼。

对唐婉的爱、对母亲的爱、对黎民的爱、对家国的爱,总是无法那么纯粹地赤诚到底。

如果爱告诉我走下去,我会拼到爱尽头。心若在灿烂中死去,爱会在灰烬里重生。

——歌曲《暗香》

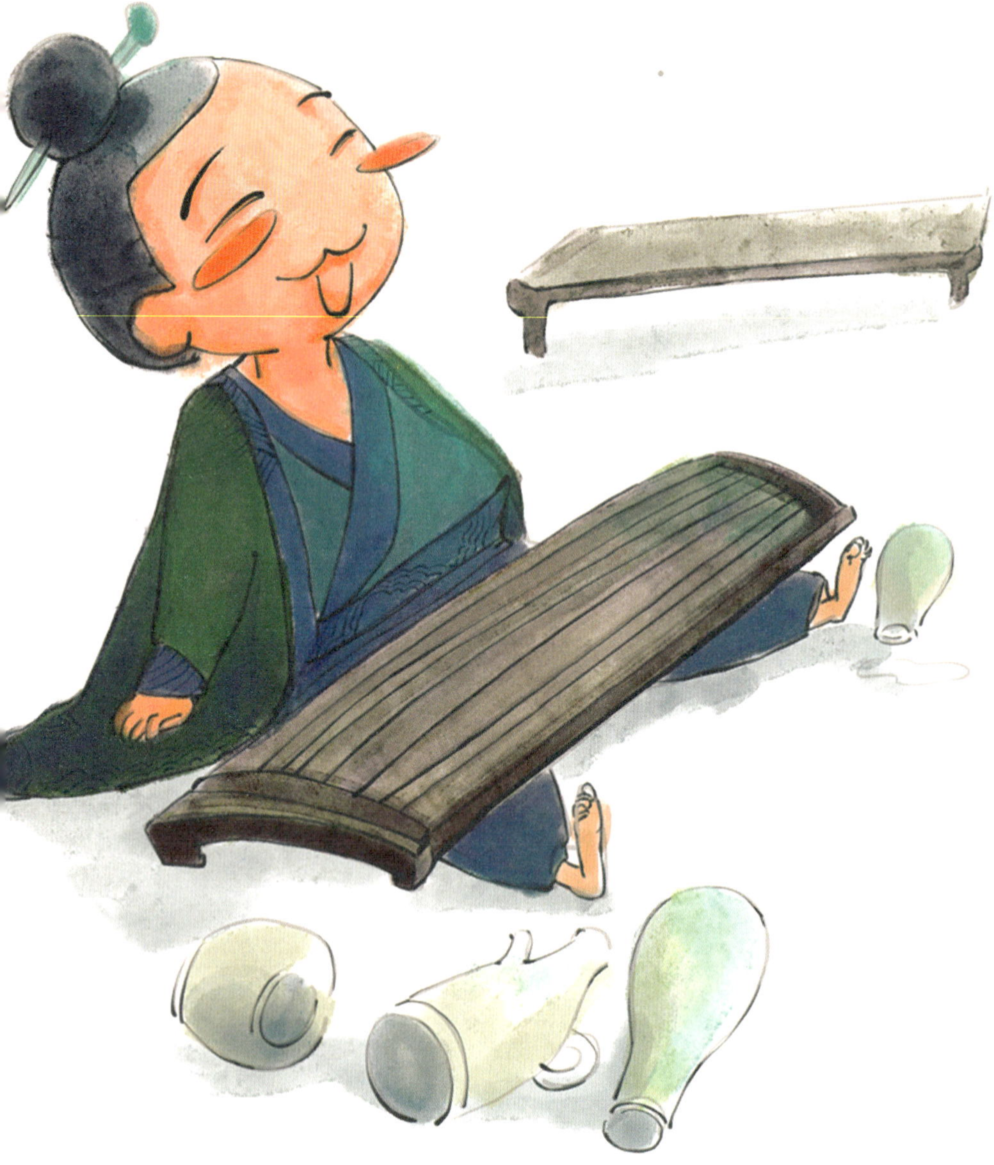

柳永

风流本是一场梦

宋仁宗皇祐五年（1053年）春，东京汴梁出现一个难得一见的场面，许多穿着鲜艳的女子聚在一起出城，婀娜身姿吸引着满城男性驻足围观。

"今天什么日子？怎么满城女子都出来了？"

"据说今天是柳永出殡的日子。"

"柳永？干什么的？"

"柳永都不知道？我们大宋最有名的流行歌手啊！"

"他为什么这么受欢迎？"

"全城女子的梦中情郎，请他写词的人从大年初一排队排到除夕夜，你说厉害不厉害。"

"瞧瞧人家，啧啧啧。"

柳永死后，每年忌日都成了东京城最热闹的日子之一，当年受过他恩惠的女子们结伴而行悼念柳郎，"吊柳七"成了北宋汴梁青楼从业者约定俗成的纪念活动。

无论生前死后,他都活成了一个风流传说。

然而正史中并无柳永的相关记载,就连生卒年都不详,好多流传至今的故事都是民间传说。我们只知道柳永多半是在穷困潦倒中孤独死去的,简陋的棺木甚至放置在僧寺中无人埋葬,直到多年后才由一位叫王安礼的知州出资埋葬在北固山下。

柳永虽然死了,但东京的大街小巷,依然回荡着他写的歌。井边打水的大娘哼唱着"衣带渐宽终不悔,为伊消得人憔悴",河边洗衣服的少妇轻快地唱着"此去经年,应是良辰好景虚设。便纵有千种风情,更与何人说"。

就连挑着扁担的大叔都能来两句:"忍把浮名,换了浅斟低唱。"

柳永所创作歌曲的流行程度,一点也不亚于当今小学生群体传唱的《孤勇者》。他是大宋热门歌曲排行榜上长期占据前十名的传奇歌手、作词家。凡有井水处,即能歌柳词。就连皇帝宋真宗也曾经是他的歌迷,曾在宫中举办没有柳永出场的"柳三变专场音乐会",让宫女、歌女们唱柳永的词,吃饭、上厕所都忍不住哼上几段。然而私下喜欢归喜欢,宋真宗很反感官场之人写艳词,认为不严肃,不成体统。

有一次,宋真宗偶然看到柳永新创作的词里写道——老子才不稀罕当官,才子词人就是白衣卿相,哪是朝廷那帮迂腐老头子比得上的？我这次没中科举，是大宋朝的损失，我还是去找青楼的歌女们玩吧，让我们"红尘做伴活得潇潇洒洒，对酒当歌共享人世繁华"。忍把浮名，换了浅斟低唱。

鹤冲天·黄金榜上

黄金榜上，偶失龙头望。明代暂遗贤，如何向。未遂风云便，争不恣狂荡。何须论得丧。才子词人，自是白衣卿相。

烟花巷陌，依约丹青屏障。幸有意中人，堪寻访。且恁偎红倚翠，风流事、平生畅。青春都一饷。忍把浮名，换了浅斟低唱。

宋真宗看了那个气啊——你这种浮沉浪子怎么配当官？也就酒后助助兴的歌手罢了，看把你能的。

于是在下一次科举中，宋真宗特意划掉了柳永的名字，对身边人说："就让这小子尽情地填词写歌去呗，还考什么公务员呢？"从此柳永被拉入了宋真宗的黑名单，只要皇帝还活着，他就别指望能高中。

柳永听说之后心灰意冷，知道这辈子想走仕途八成是没戏了，只好安慰自己：塞翁失马，焉知非福？马上借这个话题营销自己，说自己是奉旨填词，皇帝钦点流行歌手，欢迎大家多多关注!

　　他的心态转换得倒是不错,意识到自己科举无望后,干脆一条道走到黑,钻研起了当时主流文人墨客颇为不屑的词,自此长住在各大青楼,靠为人写词为生。

　　这么一个浪子,却出生于传统的儒学世家。

　　柳永,祖籍河东(今山西永济),出生在崇安(今福建武夷山),原名柳三变,"三变"一词出自《论语》:"君子有三变,望之俨然,即之也温,听其言也厉。"

　　意思是说,远远看上去他很威严,接近以后发现他挺和蔼可亲的,听他说话,又觉得非常庄重。听这个名字,就知道他出生在一个有文化的家族。

　　因为在家排行老七,所以和柳永关系好的人都称呼他为"柳七"。

　　柳永的老爸柳宜有三个儿子:柳三复、柳三接、柳三变,柳三变年龄最小,兄弟三人都很有才华,当时人称他们为"柳氏三绝"。大哥和二哥早就考中了进士当了官,唯独柳三变一直落榜,最后灰心丧气,破罐子破摔,放浪形骸。

　　柳永出生在这样一个书香世家,打小就聪明,写出的诗词文章也是灵气十足,自然受到家中长辈宠爱,零花钱没少给,表扬没少听,这就造成柳永一个很重要的性格特点:狂。这导致他的中二病[1]持续时间特别长。

十八岁的柳七在家人满怀期待与祝福的目光中第一次离开老家,前往东京汴梁(今河南开封)参加科举考试。他自个儿也是信心十足,按他狂妄不羁的个性,已经想象出皇帝、宰相看到自己的文章后惊为天人的表情了。

途经江南的杭州、苏州、扬州,未曾领略过繁华的少年柳七人都看傻了,江南风景美不胜收自不必说,江南的风土人情着实让少年流连忘返,尤其是杭州。杭州那个时候叫钱塘,烟柳画桥,市井气浓厚又文艺,最有人气的地方跟现在一样——西湖边上。一碧万顷的西湖之畔,飞桥阑槛,明暗映照;舞榭亭台,柳汀花坞,游船画舫,往来于酒楼之下。有的酒楼前,一些摇曳生姿的年轻女子,巧笑妍妍,妆容明艳,莺声燕语地招呼路上行人。

如此繁华热闹的人间烟火地,少年柳七恍如做梦,忍不住产生想留下来的心情。

柳永想起自己的叔叔柳宣有个同榜进士的老友孙何,在两

---

[1] 中二病:也称"初二症",语出伊集院光1999年1月11日的广播节目《伊集院光 深夜的马鹿力》,特指青春期少年自我意识过剩、自觉不被欣赏的价值观,暗含着希望自己成熟、强大和与众不同的渴望,常用于调侃或自嘲。而拥有这种阶段性特征的人当中,似乎以初中二年级生为甚,故而得名。

浙当转运使，想着不如前去拜谒，说不定可以得到赏识，在人家手下谋点差事干，这样就可以留在人间天堂杭州啦。谁知转运使家门禁森严，根本不接见。

于是柳永苦思冥想，写出了一首干谒诗，想要让孙何知道自己的才华。他自创了一个词牌《望海潮》，将写好的词交给当地一位名妓楚楚，楚楚趁着在孙何家中秋府会的机会献唱，顿时惊艳了全场，引得孙何追问作者是谁，之后恭敬地迎请柳永来家里做客。《望海潮》一炮而红，引爆杭州文学圈，引领了一股写词的风潮。

一百五十多年后的金国皇帝完颜亮读到《望海潮》，反复吟诵"三秋桂子，十里荷花"，对江南美景神往不已。

望海潮

东南形胜，三吴都会，钱塘自古繁华。烟柳画桥，风帘翠幕，参差十万人家。云树绕堤沙，怒涛卷霜雪，天堑无涯。市列珠玑，户盈罗绮，竞豪奢。

重湖叠巘清嘉，有三秋桂子，十里荷花。羌管弄晴，菱歌泛夜，嬉嬉钓叟莲娃。千骑拥高牙，乘醉听箫鼓，吟赏烟霞。异日图将好景，归去凤池夸。

《望海潮》成功为杭州城市宣传做出了卓越贡献，柳永也在这座城市声名鹊起。

就这样，柳永醉倒在烟雨江南的温柔乡，忘记了他从家乡出来，是为了进京参加科考的。

从家乡崇安到开封，一共一千多公里的路程，可是柳永花了六年时间才想起自己还要科考这一茬，气得家乡的老父亲差点没亲自拿着拐杖来打断这没谱的儿子的腿。

潇洒了六年，相当于人家大学都读完了，柳永高考还没完成。这时，二十四岁的柳永意识到这么下去也不是办法，科举还是要考的，虽然中个进士对自己来说不过是瓮中捉鳖。

柳永结束了在杭州的放浪生活，起程前往汴梁。

到了汴梁，柳永才发现自己的名气都已经传遍了首都。只要说出自己的名字柳三变，别人都会追问："您不会就是《望海潮》的作者吧？"随即就是粉丝见到偶像一般的尖叫欢呼，到哪都有人请喝酒吃饭。这让本就自信的柳永更加张狂了，连考试都懒得准备。

考试前，柳永还在各大青楼逍遥快活对酒当歌，这要是能考上还真是祖上积大德。

接下来就是我们熟悉的社会毒打环节：柳永落榜了，愤愤不平之下认为错的肯定不是自己，而是主考官那些老古董不懂欣赏年轻人的文风，或者自己名气太大了招人嫉妒——反正我接着喝酒接着玩，朝廷得不到我是朝廷的损失。

接下来的剧情就是开头提到的，他一气之下写了《鹤冲天》，让宋真宗看到，拉入黑名单，导致仕途彻底无望。

当时京城有很多的歌楼妓馆、勾栏瓦舍，那些歌伎纷纷来请求柳永给她们写一些歌词，如果能得到柳永创作的歌词——最好歌词里提到歌伎的名字，这样这些伎女的身价往往一下子能增加不少。

> 耆卿居京华，暇日遍游妓馆。所至妓者爱其有词名，能移宫换羽，一经品题，声价十倍。妓者多以金物资给之。
> ——罗烨《醉翁谈录》丙集卷二

靠着写词，柳永赚得盆满钵满，他写下的许多词，老百姓都觉得浅显易懂，感情细腻，朗朗上口，广为流传。无论男女老幼，大家都爱唱柳永写的歌词，这让柳永的国民度非常高，粉丝无数。

当时顶流头牌赵香香就是柳永的头号粉丝，公开表示此生非柳永不嫁。柳永一个人，就是北宋娱乐圈的半壁江山。

据说当时还流传一段顺口溜："不愿穿绫罗，愿依柳七哥；不愿君王召，愿得柳七叫；不愿千黄金，愿中柳七心；不愿神仙见，愿识柳七面。"

在所有这些女子中,柳永最喜爱的一个叫虫虫。后世广为人知的那首《雨霖铃》就是写给虫虫的词。

> 寒蝉凄切,对长亭晚,骤雨初歇。都门帐饮无绪,留恋处,兰舟催发。执手相看泪眼,竟无语凝噎。念去去,千里烟波,暮霭沉沉楚天阔。
>
> 多情自古伤离别,更那堪,冷落清秋节!今宵酒醒何处?杨柳岸,晓风残月。此去经年,应是良辰好景虚设。便纵有千种风情,更与何人说?

当时虫虫对柳永死心塌地,只想和他一生一世一双人,可是柳永却对她说:"其实你早就知道我的性格,我喜欢西逛逛东逛逛,喜欢流浪,其实爱一个人并不是要跟她一辈子的。我喜欢花,难道你摘下来让我闻闻?我喜欢风,难道你让风停下来?我喜欢云,难道你就让云罩着我?我喜欢海,难道我去跳海?让我们珍惜现在,不问将来,不问过去好吗?"

"好个头!老娘要跟你分手。"

两人分分合合好几次,最终虫虫还是信了柳永的甜言蜜语,不断地回心转意。

柳永行走欢场多年,有颜又有才,万花丛中过,最爱虫虫,有词为证:

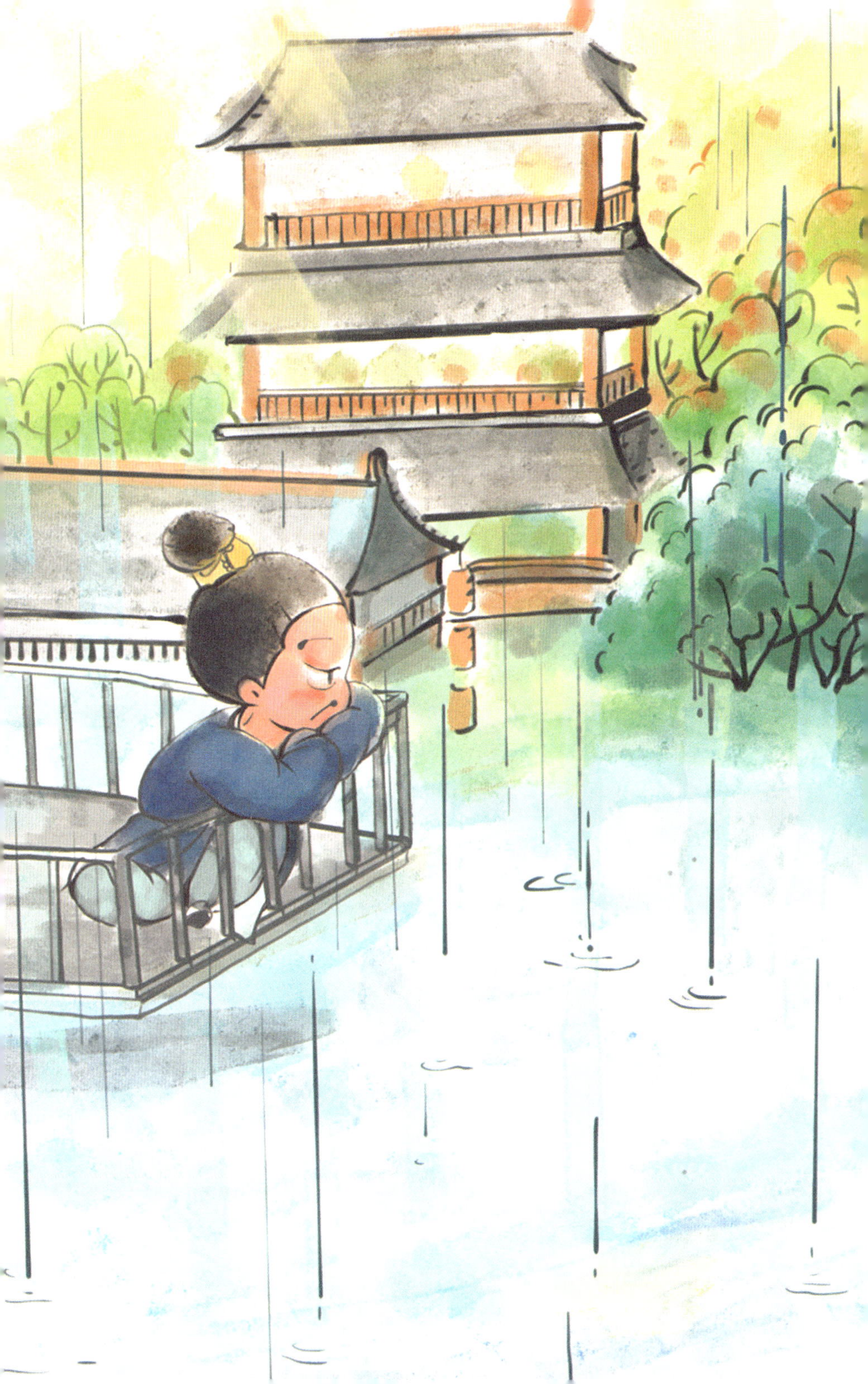

集贤宾

小楼深巷狂游遍,罗绮成丛。就中堪人属意,最是虫虫。有画难描雅态,无花可比芳容。几回饮散良宵永,鸳衾暖、凤枕香浓。算得人间天上,惟有两心同。

近来云雨忽西东。诮恼损情悰。纵然偷期暗会,长是匆匆。争似和鸣偕老,免教敛翠啼红。眼前时、暂疏欢宴,盟言在、更莫忡忡。待作真个宅院,方信有初终。

由于多次科举都落选,柳永感觉汴梁的风水跟自己不合,便决定离开京城,去熟悉的江南散散心。在离开京城时,柳永和虫虫喝了一晚上,等酒醒时分,虫虫已然不见,只剩下杨柳岸,晓风残月。

在四处旅行途中,柳永写下了许多脍炙人口的千古佳作,如名流千古的《八声甘州·对潇潇暮雨洒江天》

对潇潇暮雨洒江天,一番洗清秋。渐霜风凄紧,关河冷落,残照当楼。是处红衰翠减,苒苒物华休。唯有长江水,无语东流。

不忍登高临远,望故乡渺邈,归思难收。叹年来踪迹，何事苦淹留？想佳人，妆楼颙望，误几回、天际识归舟。争知我，倚栏杆处，正恁凝愁！

他是北宋写词行业的引领者，而且也是历史上极少数活着的时候就可以靠创作获得不菲稿费的艺术家（杜甫流下了羡慕的泪水），更幸运的是在活着的时候就看到自己的作品享誉天下（梵高发出一声叹息）。不止宋朝，就连塞外的辽国和西夏，都遍布他的粉丝，喊一声"国际巨星"一点儿也不为过。

而且在柳永之前，词主要是文人士大夫之中较为高雅的小令，一般比较简短，更多用比喻、象征的手法来抒情，说白了就是不接地气。柳永开创了慢词，慢词比较长，可以表达更加丰富的内容和主题，而且他着重描写市井民间的风土人情，推崇自由恋爱，让人们的精神世界更加开放包容。

毫不夸张地说，宋词的风潮都是柳永引领的，尊称一声"宋词教父"毫不夸张，他非但能写词，还能谱曲，集周杰伦与方文山为一体，还为后世奠定了创作模板——词牌。柳永是宋朝创造词牌最多的词人，有人统计，宋代词牌大概有八百多个，其中有一百多个是柳永创造的。也就是说，词的写作格式、写作标准，起初多是由柳永制定的。

如果没有柳永作为一代宗师的开创拓展，也不会有后来苏轼、李清照的发扬光大，仅仅说他是婉约派的掌门人，未免失之偏颇。

让我们看看当时他最热门的一些歌曲名词：

蝶恋花·伫倚危楼风细细（节选）

拟把疏狂图一醉，对酒当歌，强乐还无味。衣带渐宽终不悔，为伊消得人憔悴。

少年游·长安古道马迟迟（节选）

长安古道马迟迟，高柳乱蝉嘶。夕阳岛外，秋风原上，目断四天垂。

少年游·参差烟树灞陵桥（节选）

夕阳闲淡秋光老，离思满蘅皋。一曲阳关，断肠声尽，独自凭兰桡。

少年游·十之六·林钟商（节选）

舞裀歌扇花光里，翻回雪、驻行云。绮席阑珊，凤灯明灭，谁是意中人。

公元 1022 年，宋真宗去世，十三岁的太子赵祯继位，柳永感觉到自己的机会来了。两年后，他再次参加科举考试。然而还是落榜，他开始对人生产生怀疑。

公元 1033 年，垂帘听政十一年的太后刘娥去世，宋仁宗赵祯亲政。第二年，朝廷开设恩科，对屡试不中的大龄举子，放宽录取标准。直到五十岁，柳永才终于得偿所愿，考中了科举。

人说风流本是一场梦，柳永黄粱一梦二十年，年华老去鬓毛白，不知他是否会为这些年的荒唐岁月而自嘲。

中举后的柳永，官运并不亨通。他的职场生涯，从睦州（今属浙江建德）团练推官开始，是一个从八品小官。此后整整八年，柳永都未得升迁。一辈子最高的官职是六品的屯田员外郎，并以此致仕，定居润州。也许朝中的士大夫们觉得让一个流行歌手来当官，多少有点别扭。

柳永虽然做的都是小官，却深受百姓喜爱，为官期间都颇有政绩，体察民情，被称为"名宦"。

长期流连于秦楼楚馆，让他对待众生一视同仁，达官贵人也好，歌女乐工也罢，在他眼里都是一个个有着喜怒哀乐的活生生的人。他的才华也来自他极强的共情能力，这才能让市井百姓传唱他的词。

柳永一辈子做过的最高的官,是皇祐二年(1050年)担任屯田员外郎,一个从六品的官职,所以世称"柳屯田"。

王国维说人生有三种境界:"昨夜西风凋碧树。独上高楼,望尽天涯路。此第一境也。衣带渐宽终不悔,为伊消得人憔悴。此第二境也。众里寻他千百度,蓦然回首,那人却在灯火阑珊处。此第三境也。"

人们传言柳永当官后,虫虫也从东京的夜场消失不见,有人说他们终于喜结连理,生了个大胖儿子,过着寻常夫妻的日子。

也有人说柳永另娶了一个年轻的歌女,虫虫听闻后投江自尽。人们更愿意相信,一个多情的才子老了,依然本性难改。

即便老去,江湖依然流传着柳永各种各样的传说。

我更愿意相信,当柳永在科举榜上看到自己名字的那天,蓦然回首,虫虫就在他身后,如春风般笑脸盈盈。时间定格在这一刻,灯火阑珊处,东风夜放花千树,他俩牵着手,依偎一路。